KB211043

그때 거기 & 지금 여기
- 성경 구원사 이야기

그때 거기&
지금 여기

송흥준 지음

성 경
구원사
이야기

좋은땅

프롤로그

고든 D. 피는 《성경을 어떻게 읽을 것인가》에서 성경 읽기에 대해 말합니다.

> "우리에게는 두 과제가 있다. 첫째는 본문의 본래 의미를 밝히는 것
> 인데, 이 과제를 주해(exegesis)라고 부른다. 둘째로 우리는 그 동일
> 한 의미를 오늘날 우리가 살고 있는 새롭고 다양한 상황에서 듣는 법
> 을 배워야 한다. 이러한 과제를 해석학(hermeneutics)이라고 부른다.
> 즉 과거 '그때 그곳'에서 그들에게 말씀하신 바를 이해하려고 애써야
> 한다(주해). 둘째, 그 동일한 말씀을 '지금 여기'에서 듣는 법을 배워
> 야 한다(해석학)."

모든 목회자의 간구는 성경을 가장 정확하고 효과적으로 가르치는 것입니다. 저는 스물다섯 살에 주기도문을 암송하다가 예수님을 영접하고 구원받았습니다. 스물일곱 살에 침례신학대학원에 입학하였고, 졸업한 다음 해 교회를 개척하였습니다.

이십칠 년이 넘게 매일 성경을 공부하고 설교하고, 가르치면서 성경이 기록된 '그때 그곳'에서는 어떤 일이 일어났는지를 궁금했습니다. 또한 '지금 여기'에서는 그 말씀을 어떻게 적용해야 하는지를 고민하였습니다.

성경은 하나님께서 우리를 구원하시는 구원의 역사(구원사)입니다. 이 책은 창세기부터 요한계시록까지 구원하시는 하나님의 구원사를 '그 때 거기'와 '지금 여기'를 중심으로 썼습니다. 단순하고 명료하면 듣기 좋고 알기 쉽기에 최대한 간명하게 썼습니다. 본문은 필요에 따라 쉬운성경과 개역개정을 혼용하였습니다.

성경을 처음 읽는 분, 구원사(구속사)적 관점에서 성경을 읽기 원하는 분, '그때 거기'와 '지금 여기'를 어떻게 연결해야 하는지 궁금하신 분, 교회에서 구원사에 대해 가르치기 원하시는 분들이 읽으시면 도움이 될 것입니다.

책을 내며 고마운 분들이 마음에 가득합니다. 예수님 믿고 5년 만에 개척한 교회에서 서툰 목회자를 보며 묵묵히 기도하고 따라 주신 성도 한 분 한 분, 고맙습니다. 예배 때마다 진지하고 호기심 가득한 얼굴로 집중하고 바라보는 여러분 덕분에 말씀을 준비하는 시간이 늘 설레고 행복합니다.

아내(소혜정)와 사랑스런 딸(은하), 아들(창조)에게 고맙습니다. 장로님 딸로 자란 아내는 저에게 처음으로 주기도문을 알려 주었습니다. 예수님 안에서 제가 성장하도록 늘 독려해 주고, 서툰 목회에 지혜로운 조언자가 되어 주었습니다. 딸과 아들은 장성할 때까지 보통의 개척교회가 그러하듯 음향과 악기와 교회 정리로 교역자처럼, 관리인처럼 묵묵히 20년 이상을 함께해 주었습니다. 고맙습니다.

30년 넘게 매주 진행하는 갈릴리교회 목회뱅크에 오서서 강의해 주신 많은 목사님들이 저의 스승님이십니다. 특별히, 몇 년째 변함없이 강의를 맡아 주시고 바른 신앙과 신학으로 선한 영향력을 주시는 신황등교회 장봉 목사님께 감사드립니다.

졸작이지만 성경을 사랑하는 분들이 한 줄이라도 읽고 하나님을 조금 더 알아간다면 그 한 가지만으로 감사합니다. 잘못 주해하거나 해석한 부분이 있다면 너그럽게 용서해 주시기 바랍니다.

2023년 가을
송홍준

목차

01

그때 거기와 지금 여기
(구원사 관점에서 성경 읽기)

그런데도 이 책에 있는 표적들을 기록한 것은 여러분들로 하여금 예수님께서 하나님의 아들 그리스도이심을 믿게 하고, 그분의 이름을 믿음으로써 생명을 얻게 하기 위해서입니다.

(쉬운성경, 요20:31)

고든 D. 피는 《성경을 어떻게 읽을 것인가》에서 성경 배경이 되는 '그 때 거기'를 살펴보는 것을 주해라고 하고, '지금 여기'를 해석이라고 하였습니다. 성경을 읽을 때나 설교할 때, 또는 성경을 공부할 때 이것을 기억하면 큰 도움을 얻습니다.

성경 본문이 성부, 성자, 성령 하나님에 대해 어떻게 말씀하시는지를 살펴야 합니다. 그리고 성경 사건이 구원과 어떻게 연결되는지 확인합니다. '그때 거기'에서 일어난 하나님 구원 역사가 '지금 여기'의 삶의 자리에서 어떻게 적용되는가를 살피는 것이 건강한 구원사적 성경 읽기입니다.

'구원사적 성경 읽기'

1. **'그때 거기'**(성경 시대)에서 어떤 일이 일어났는가?
2. 본문이 **성부 성자 성령님**을 어떻게 말씀하고 있는가?
3. 성경 본문이 **구원**에 대해 무엇이라고 말씀하는가?
4. **'지금 여기'**(삶의 자리)에서 어떻게 적용할 것인가?

'그때 거기'

1) 요셉을 형통케 하시는 하나님

야곱은 네 명의 부인을 통해 열두 명의 아들을 얻었습니다. 그중 가장 사랑받는 아들은 요셉입니다. 그런 요셉을 형들은 시기하게 되고, 17세의 나이에 형들에 의해 이집트로 팔려 갑니다. 그러나 그는 모든 고난과 역경을 이겨 내고 이집트의 총리인 2인자 자리까지 올라가는 입지전적 인물이 됩니다. 성경은 요셉의 성공 뒤에는 언제나 하나님이 함께하셨다고 말씀하고 있습니다.

> 보디발은 여호와께서 요셉과 함께 계시다는 것을 알았습니다. 보디발은 여호와께서 요셉이 하는 일마다 성공하게 해 주신다는 것을 알았습니다. (쉬운성경, 창39:3)

> 간수장은 요셉이 하는 일에 조금도 간섭하지 않았습니다. 그 것은 여호와께서 요셉과 함께 계셨기 때문이었습니다. 여호와께서는 요셉이 무슨 일을 하든 성공하게 만드셨습니다. (쉬운성경, 창39:23)

2) 고센, 이스라엘의 인큐베이터

요셉은 당시에 일어난 식량난을 해결하고, 가족들을 이집트의 고센 땅에 정착시킵니다. 고센 땅은 물이 풍족하고 비옥한 땅입니다. 70명의 야곱 가족이 400년 후에는 200만 명이 넘는 민족을 이루게 됩니다. 고센 땅은 이스라엘의 인큐베이터 같은 곳입니다. 하나님께서 요셉을 통해 이 모든 일을 하십니다.

3) '그때 거기' 의미

하나님께서 이 모든 일을 행하신 것에는 이유가 있습니다. 한 사람 요셉의 삶을 주관하시는 하나님께서 동일하게 이스라엘 민족의 운명을 주관하신다는 것입니다. 그리고 온 지구촌의 역사를 주관하신다는 것입니다. 세상을 경영하시는 경세적(經世的) 하나님이십니다. 주권과 섭리가 하나님께 있다는 것이지요. 아버지 야곱이 죽었을 때 요셉을 판 형들은 요셉의 복수를 두려워합니다. 요셉에게 생명을 구걸합니다.

> 야곱이 죽은 후에 요셉의 형들이 말했습니다. "만약 요셉이 아직도 우리를 미워하면 어떻게 하지? 우리는 요셉에게 나쁜 짓을 많이 했어. 만약 요셉이 우리에게 복수를 하려 하면 어떻게 하지?" (쉬운성경, 창50:15)

요셉의 형들이 요셉을 찾아가서 요셉에게 절을 하며 말했습

니다. "우리는 아우님의 종입니다."(쉬운성경, 창50:18)

이 말을 듣고 요셉은 구원사적 관점에서 하나님의 뜻을 선포합니다.

그 말을 듣고 요셉이 형들에게 말했습니다. "두려워하지 마십시오. 하나님만이 하실 수 있는 일을 내가 어떻게 하겠습니까? 형님들은 나를 해치려 했지만, 하나님께서는 형님들의 악을 선으로 바꾸셨습니다. 그래서 오히려 많은 사람들의 생명을 구할 수 있었습니다. 그러니 두려워하지 마십시오. 내가 형님들과 형님들의 아이들을 돌봐 드리겠습니다." 이처럼 요셉은 형들을 안심시키고 형들에게 따뜻한 말을 해 주었습니다. (쉬운성경, 창50:19-21)

"오히려 많은 사람들의 생명을 구할 수 있었습니다."

이 말씀이 요셉 사건의 결론입니다. 하나님은 많은 백성을 구원하시려고 한 사람 요셉을 준비시키십니다. 요셉은 이스라엘 사람이며, 노예로 팔려 간 사람입니다. 그런 사람이 이집트의 총리가 되었다는 것은 요셉의 능력과 지혜로 인함이 아닙니다. **'하나님이 하셨다'**는 것을 말씀하고 있습니다.

성경을 읽을 때 이 부분을 집중하는 것입니다. 요셉이 형들을 용서했다는 것도 아름다운 일입니다. 그러나 성경의 궁극적인 기록목적은 하나님이 이스라엘 노예 한 사람을 이집트 총리로 세우시고, 당대의 사람들을 굶주림에서 구원하셨을 뿐 아니라, 이스라엘 민족이 탄생하도록 하셨다는 것입니다.

4) 성자 예수님

구원사적 성경읽기는 성경의 각 부분에서 구원하시는 하나님을 묵상하는 것입니다. 요셉은 야곱이 여러 아들들보다 더 그를 더 사랑하므로 그를 위하여 채색옷을 지었다(창37:3)고 성경은 말씀하고 있습니다. 예수님은 요셉처럼 하나님의 사랑받는 아들이십니다. 예수님께서 세례를 받으실 때 들린 하늘의 소리입니다.

> 그 때, 하늘로부터 "이는 내 사랑하는 아들이며, 내가 기뻐하
> 는 아들이다"라는 소리가 들려왔습니다. (쉬운성경, 마3:17)

요셉이 은 20에 노예로 팔렸고 예수님은 은 30에 팔리셨습니다. 판 사람은 공교롭게도 유다로 동명이인입니다. 요셉이 노예에서 총리가 되었고, 예수님은 십자가 죽으심에서 부활의 주가 되셨습니다.

"오히려 많은 사람들의 생명을 구할 수 있었습니다."라는 요셉의 고백처럼 예수님은 "나는 양들이 생명을 더욱 풍성히 얻게 하기 위해 왔다."(요10:10)고 말씀하십니다. 누구든지 예수님 믿으면 멸망치 않고 영생을 얻는 길을 여셨습니다.

'지금 여기'

1) '지금 여기'(삶의 자리)

구원사적 관점으로 성경을 읽으셨으면 나의 삶에 적용하기를 하여야 합니다. 요셉은 가장 큰 위기의 순간에 하나님이 함께하심으로 새로운 기회를 열었고, 당대의 사람들을 굶주림에서 벗어나게 하였을 뿐 아니라 가족을 구원하였습니다. 예수님은 가장 큰 위기인 십자가에서 부활하심으로 구원의 주가 되셨습니다. 하나님 나라 가는 길과 진리 그리고 생명이 되셨습니다.

인생은 언제나 위기가 있습니다. 위기(危機)란 위태할 위(危)와 기회(機會)를 쓸 때의 기(機)가 합쳐진 말입니다. 위험하지만 또한 기회의 시간입니다. 지금이 위기의 시간이라면 내게 꼭 필요한 한 분은 오직 하나님이십니다. 하나님이 함께하심으로 요셉은 모든 위기를 벗어날 수 있었고, 새로운 기회 가운데 역사의 주인공이 되었습니다.

"하나님은 왜 지금 여기에 나를 두셨는가?"를 생각하시기 바랍니다. "왜 나에게 먼저 예수님을 믿게 하셨는가?"를 묵상하시기 바랍니다. 요셉은 고백합니다. "오히려 많은 사람들의 생명을 구할 수 있었습니다."(창50:20) 예수님은 말씀하십니다. "인자는 잃어버린 사람을 찾아 구원하러 왔다."(눅19:10)

'그때 거기'

1) 죄인의 몸으로 승선하는 사도 바울

3차 전도 여행을 마치고 예루살렘을 방문한 바울 사도는 유대인들에게 고발을 당합니다. 바울이 이방인을 성전에 데리고 들어감으로 성전을 더럽혔다는 것입니다. 거짓 주장이었지만 2년여 동안 재판을 받게 됩니다.

결국, 바울 사도가 로마 시민으로서 로마 황제 가이사에게 상소하게 되고 로마로 압송하는 것으로 결론이 납니다. 당시 가이사랴에서 로마로 가는 이동 수단은 배입니다. 사도행전 27장에는 바울 사도가 로마로 압송되는 장면이 나옵니다.

> 우리가 배를 타고 이탈리아로 가기로 결정되자, 그들은 황제 부대 소속 율리오라는 백부장에게 바울과 다른 죄수들을 넘겨주었습니다. (쉬운성경, 행27:1)

바울 사도는 죄인의 몸으로 배를 탑니다. 이 배에는 바울 사도와 사도행전을 기록하고 있는 누가, 바울의 동역자 아리스다고, 백부장 율리오, 선장, 선주, 그리고 죄수들이 함께 승선하였습니다. 가이사랴를 출발하여 로마로 가는 배, 이 모든 과정에서 구원의 역사를 써 가시는 하나님을 볼 수 있습니다.

2) 확장되는 영향력

가이사랴를 떠난 바울 일행은 루기아의 무라시까지 문제없이 항해합니다. 그리고 무라에서 '알렉산드리아'라는 배로 갈아탑니다.

지중해는 9월부터 10월까지는 항해가 어렵습니다. 11월부터 다음 해 3월까지는 항해가 불가능합니다. 사도행전 27장 9절에는 금식하는 절기가 이미 지났다고 말씀하고 있습니다. 유대인들의 금식하는 절기는 10월 10일 대속죄일입니다. 항해가 어려운 시기입니다.

이런 상황을 알고 있는 바울 사도는 미항이라는 항구에서 겨울을 나고 출항할 것을 제안합니다. 그러나 이 제안을 하는 바울은 죄수의 몸입니다. 백부장은 선장과 선주의 말을 바울의 말보다 더 믿고 '미항'이라는 항구를 떠나 '뵈닉스'로 가서 겨울을 지내기로 결정합니다. 처음에는 남풍이 불어 순항합니다. 그러나 얼마 안 되어 '유라굴로'라는 광풍이 불기 시작합니다.

> 그런데 갑자기 '유라굴로'라고 부르는 폭풍이 섬 쪽에서 불어 왔습니다. 배는 폭풍에 휘말려 바람을 거슬러 조금도 앞으로 나아가지를 못했습니다. 그래서 우리는 앞으로 가려는 노력은 포기하고 바람이 부는 대로 배를 내맡기고 표류하기 시작했습니다. (쉬운성경, 행27:14-15)

폭풍으로 모두의 생명이 위험해졌습니다. 짐을 버리고, 배의 장비마저 내던졌습니다. 며칠째 해도별도 보이지 않고 바람만 계속해서 거세게 불어옵니다. 살 수 있다는 희망은 사라지고 절망만이 남았습니다. 그때 바울 사도가 일어나 그들에게 말합니다.

> "여러분, 내가 크레타 섬을 떠나지 말자고 한 말을 들었어야 했습니다. 그랬다면 이런 손해를 입지 않았을 것이고 물건을 잃어버리지도 않았을 것입니다." (쉬운성경, 행27:21)

> "하지만 여러분, 이제 제가 권합니다. 용기를 내십시오. 이 배만 잃을 뿐 여러분 중에는 한 사람도 목숨을 잃지 않을 것입니다. 지난밤에 나의 주님이요, 내가 섬기는 하나님의 천사가 내 곁에 나타나 이렇게 말해 주었습니다. '바울아, 두려워하지 마라. 너는 반드시 황제 가이사 앞에 서야 한다. 하나님께서 너와 함께 항해하는 모든 사람들의 목숨을 너에게 맡겨 주셨다.' 그러니 여러분, 용기를 내십시오. 나는 하나님을 믿습니다. 모든 일이 하나님의 천사가 내게 말씀하신 대로 이루어질 것입니다. 우리는 반드시 어떤 섬에 밀려가 닿게 될 것입니다." (쉬운성경, 행27:23-26)

바울의 말대로 십사 일 되던 밤에 한 섬에 가까워집니다. 그때 바울 사도가 또 말합니다.

"지난 십사 일 동안, 여러분은 마음을 졸이며 지금까지 아무 것도 먹지 않고 지냈습니다. 하지만 이제는 음식을 드십시오. 그래야 살아남을 수 있습니다. 여러분 중에 그 누구도 머리카락 하나도 잃지 않을 것입니다."(쉬운성경, 행27:33-34)

바울은 빵을 들어 하나님께 감사 기도를 드리고 먹기 시작합니다. 사람들도 바울을 따라 음식을 먹었습니다. 배 안에 있던 사람들은 모두 이백칠십육 명이었습니다.

본문에서 주의하여 살펴볼 부분이 있습니다. 바울은 죄수의 몸으로 배를 탔습니다. 그런데 광풍이 부는 위기의 상황이 되자 선장이나 선주의 말 아닌 바울의 말에 모두 귀를 기울이고 있습니다. 위기의 시간에 믿음의 사람이 해결사가 됩니다. 바울 사도의 영향력은 여기서 멈추지 않습니다.

3) 점점 더 커져 가는 영향력

이들은 모두 '몰타' 섬에 상륙합니다. 섬사람들은 친절하게 바울 일행을 맞이하고 불을 피워 주었습니다. 바울이 장작을 불에 넣었는데 독사가 튀어나와 바울의 손을 물었습니다. 이것을 보며 섬사람들이 말합니다.

"이 사람은 틀림없이 살인자다. 바다에서는 살아 나왔는지 모르지만 '정의의 신'이 그를 살려 두지 않을 것이다." (쉬운 성경, 행27:4)

그런데 뱀에 물리면 몸이 부어오르거나 독으로 인해 갑자기 죽을 것을 예상했는데 바울에게 아무런 일이 일어나지 않습니다. 그들은 바울이 '신'이라고 생각하기 시작합니다. 놀라운 일은 계속 일어납니다.

그 섬 추장 보블리오의 아버지가 열병과 이질로 누워 있었는데 바울이 기도하였더니 낫게 됩니다. 소문이 나자 병을 앓고 있는 다른 사람들도 바울을 찾아와 고침을 받습니다. 그렇게 석 달이 지났습니다. 그리고 바울이 탄 이 배는 로마에 도착합니다.

정리하면 이렇습니다. 죄수의 몸으로 바울은 배를 탔습니다. 풍랑이 이는 바다에서 바울은 사람들의 생명을 좌우하는 영향력을 갖게 됩니다. 섬에서는 사람들을 치유합니다. 그의 영향력이 얼마나 컸는지 오죽하면 '신'이라고 불렀겠습니까?

4) '그때 거기' 의미

바울에게 일어난 모든 사건의 주관자는 하나님이십니다. 하나님께서 바울에게 영향력을 주신 것에는 이유가 있습니다. 복음을 증거하기 위함입니다. 사람들은 바울을 통해 하나님께서 살아 계심과 역사하심을 선명하게 보았습니다. 바울의 영향력은 절정에 달합니다. 그리고 바울이 로마에 입성합니다. 로마에는 바울에 관한 소문이 가득합니다.

"놀라운 사람이 왔다", "앞날을 예언한다", "손을 얹고 기도하면 아픈 사람이 낫는다".

바울은 로마에서 그를 지키는 한 사람과 혼자 지내도 된다는 허락을 받습니다. 그곳에서 유력한 사람들이 바울을 찾아옵니다.

바울은 아침부터 저녁까지 하나님 나라를 설명하고 선포합니다. 예수 그리스도를 전파합니다. 그 사역을 꼬박 이 년을 지내면서 감당합니다.

바울은 자기 셋집에서 꼬박 이 년을 지내면서 자기를 찾아오는 사람들을 다 맞이하였습니다. 그는 담대하게, 그리고 아무런 방해도 받지 않고 하나님의 나라를 전하고 주 예수 그리스도에 관해 가르쳤습니다. (쉬운성경, 행28:30-31)

'지금 여기'

1) '지금 여기'(삶의 자리)

구원사적 성경읽기의 결론은 언제나 나의 삶에 적용하는 것입니다. 바울 사도는 가장 큰 위기의 순간에 하나님이 함께하심으로 새로운 기회를 열었고, 이백칠십육 명의 생명을 살립니다. 몰타 섬의 사람들에게 석 달 동안 복음을 전합니다. 로마에 입성하여 이년 동안 거침없이 예수 그리스도를 증거합니다.

위기가 복음증거의 기회가 되었습니다. 예수님은 공생애 동안 큰 영향력을 가지셨습니다. 사람들은 '랍비'라 부르며 예수님께 와서 배우기를 원했습니다. 먹을 것을 주는 분으로, 사람을 고치는 분으로 알았습니다. 그러나 예수님이 어떤 분이신지는 십자가와 부활을 통해 명징하게 드러났습니다.

예수님은 십자가에서 죽으셨습니다. 모든 것이 끝난 것 같았습니다. 그러나 삼일 만에 부활하심으로 영생이 있고, 하나님 나라가 있음을 증명하셨습니다. 구원의 주님이 되셨습니다.

위기의 시간이 오히려 기회의 순간이 된 것입니다. 여러분이 삶 속에 영향력을 가지고 있다면 아마도 위기의 시간을 통해 얻으셨을 것입니다. 그리고 그 영향력을 어떻게 행사해야 할 것인지는 바울 사도의 행보를 통해 알 수 있습니다. 바울 사도는 하나님이 주신 모든 영향력을 오직 복음을 증거하기 위해 사용하였습니다.

지금 당신이 가지고 있는 영향력은 무엇인가요? 그 영향력은 어떻게 얻게 되었나요? 그 영향력을 제대로 사용하고 계신가요?

> 우리 주 예수 그리스도께 감사를 드립니다. 그분은 나를 충
> 성된 자로 여기시고, 그분을 섬길 수 있도록 하셨으며, 필요
> 한 힘까지 주셨습니다. (쉬운성경, 딤전1:12)

'그때 거기'에서 구원하시는 하나님은 **'지금 여기'**에서도 영혼 구원의 사역을 감당하도록 우리를 준비시키셨습니다. 구원사적 성경 읽기를 통해 지금도 역사하시는 하나님을 더 깊이 알아 가시기 바랍니다.

묵상을 위한 질문

1. 당신에게 성경은 어떤 책인가요?

2. 구원사적 성경 읽기란 무엇인가요?

3. 창세기 50장의 '그때 거기'를 요약해 보세요.

4. 사도행전 27-28장의 '그때 거기'를 요약해 보세요.

5. '지금 여기'에서 적용할 것은 무엇인가요?

02

가죽옷
(구원사 관점에서 본 창세기 3장)

여호와 하나님께서 동물 가죽으로 옷을 만들어서 아담과 그의 아내에게 입혀 주셨습니다. (쉬운성경, 창3:21)

프랜시스 스콧 피츠제럴드가 1925년에 쓴 《위대한 개츠비》는 미국을 대표하는 전 소설 중 하나입니다.

가장 위대한 소설 중 하나인 이 소설은 내용은 너무나 단순합니다. 데이지를 사랑하는 주인공 개츠비는 결혼한 여자 데이지를 사랑합니다. 데이지가 운전하다가 사람을 치자 개츠비는 자신이 운전했다고 말합니다. 그리고 차에 치여 죽은 여자의 남편 총에 맞아 죽게 됩니다. 가장 어리석은 남자로 보이는데 위대하다고 합니다. 무엇 때문일까요?

'명작에게 길을 묻다'에서 송정림 작가는 위대한 개츠비를 잘 요약하였습니다. 그는 아무리 힘들어도 희망을 버리지 않았고, 사랑에 실패했지만 다시 사랑하기를 두려워하지 않습니다. 그것이 바로 그가 위대한 이유입니다.

> 사랑해 달라고 말한 적 없지만 사랑할 수밖에 없는 것, 그 사람이 날 아프게 해도, 슬프게 해도, 너무나 많은 결점이 있어도, 그럼에도 그 사람이 좋은 것, 그 사람을 사랑하는 것, 세상 모두가 그만두라고 해도, 상대방조차 제발 날 사랑하지 말라고 해도 그래도 사랑할 수밖에 없는 것… 그것이 사랑이다.

개츠비는 예수님을 닮았습니다. 예수님은 우리를 사랑하십니다. 사랑해 달라고 말한 적 없는데, 수많은 결점투성이인데, 너무 겸연쩍어서 천국은 말도 못 꺼내는데, 날 사랑해 달라고 하는 말은 염치없어서 할 수도 없는데, 그래도 우리를 사랑하시는 분, 아프게 하고, 슬프게 하고, 밥 먹듯 배반하는데 여전히 사랑하는 분. 십자가에 못 박고, 침을 뱉는데도 여전히 널 사랑한다고 말씀하시는 분. 죽음이 두렵지 않은 사랑을 하시는 분, 위대한 예수님의 사랑입니다.

개츠비가 데이지를 사랑해서 기꺼이 총에 맞아 죽듯 십자가를 외면하지 않으시는 예수님입니다. 그래서 십자가 사건은 위대한 하나님의 사랑입니다.

'그때 거기'

1) 신앙의 시작

신앙의 시작은 하나님께서 창조주이심을 믿는 것입니다. 창세기 1장 1절은 모두가 잘 암송하고 있는 말씀입니다.

> 태초에 하나님께서 하늘과 땅을 창조하셨습니다.
>
> בְּרֵאשִׁ֖ית בָּרָ֣א אֱלֹהִ֑ים אֵ֥ת הַשָּׁמַ֖יִם וְאֵ֥ת הָאָֽרֶץ׃
>
> 베레쉬트 바라 엘로힘 에트 하쇼마임 웨에트 하아레츠

태초라고 하는 히브리어 '베레쉬트(בְּרֵאשִׁית)'의 첫 글자는 'ב'(벧)입니다. 모든 것의 시작인 '태초'입니다. 모든 만물과 시간의 시작입니다. 그 앞에는 아무것도 없음을 나타냅니다.

히브리어는 왼쪽에서 오른쪽으로 기록하는데 'ב'(벧)이라는 글자는 오른쪽과 위와 아래가 다 막혀 있는 형상입니다. 여기서부터 시작이라는 그림처럼 보입니다.

그 시작점에 하나님께서 계십니다. 성경의 하나님은 천지 만물과 온 우주 만상을 창조하신 분이십니다. 만물을 창조하신 하나님께서 완성하신 후에 하신 말씀이 있습니다.

하나님께서 손수 만드신 모든 것을 보시니, 보시기에 매우 좋았습니다. 저녁이 지나고 아침이 되니, 이 날이 여섯째 날이었습니다. (쉬운성경, 창1:31)

매우 좋았다고 하시는 것은 하나님 뜻대로 창조되었음을 말씀합니다. 하나님 의지대로 창조된 것입니다.

2) 인간에게 복을 주심

하나님께서 사람에게 복을 주시며 말씀하셨습니다. "자녀를 많이 낳고 번성하여 땅을 채워라. 땅을 정복하여라. 바다의 물고기와 하늘의 새와 땅 위에 움직이는 모든 생물을 다스려라." 또 말씀하셨습니다. "내가 땅 위의 온갖 씨 맺는 식물과 씨가 든 열매 맺는 모든 나무를 너희에게 준다. 그러니 너희는 그것들을 너희 양식으로 삼아라." (쉬운성경, 창1:28-29)

인간에게만 땅을 정복하고 모든 생물을 다스리라고 하십니다. 통치권과 감독권을 주십니다.

여호와 하나님께서 만드신 사람을 데려다가 에덴동산에 두시고, 그 동산을 돌보고 지키게 하셨습니다. (쉬운성경, 창 2:15)

돌본다는 말씀은 봉사한다는 뜻입니다. 지킨다는 말씀은 보호한다는 의미입니다. 하나님은 사람에게 에덴동산을 통치하고 감독할 뿐 아니라 보존하고 가꾸라고 하셨습니다. 그리고 우리를 지으신 목적을 알려 주십니다.

3) 인간 창조의 목적

첫째, 하나님의 영광을 찬송하게 하시기 위함입니다.

> 하늘이 하나님의 영광을 선포하고 창공은 주님의 솜씨를 알립니다. (쉬운성경, 시19:1)

하나님이 창조하신 만물은 하나님의 영광을 선포하고, 찬송합니다. 사람을 만드신 목적도 동일합니다.

> 이들은 내가 나를 위하여 지은 백성이다. 그들이 나를 찬양할 것이다. (쉬운성경, 사43:21)

하나님을 찬송하며 하나님께 영광 돌리게 하시기 위해 우리를 지으셨습니다.

둘째, 우리와 교제하시기 위함입니다.

여러분을 부르셔서 그의 아들이신 우리 주 예수 그리스도와
사귐을 갖게 하신 하나님은 신실하십니다. (쉬운성경, 고전
1:9)

우리를 지으신 목적이 있습니다. 하나님께 영광 돌리는 것과 하나님과
교제하는 것입니다. 이 부분을 사람들은 싫어합니다. 하나님께 영광 돌
리도록 우리를 지으셨다는 것에 사람들이 반기를 든 것입니다. "내 삶이
겨우 하나님께 찬송 돌리기 위해 지음 받았단 말인가?"라며, 존재 목적에
대해 불평하고 불만합니다.

그러나 야곱 백성아, 너희가 나를 부르지 않았다. 이스라엘
백성아, 너희가 내게 싫증을 내었다. (쉬운성경, 사43:22)

하나님을 찬송하기보다는 찬송받기를 원합니다. 하나님을 의심하고
그 말씀을 거역합니다. 결국 사탄의 음성에 귀를 기울입니다.

하나님은 너희가 그 나무 열매를 먹고 너희 눈이 밝아지면,
선과 악을 알게 되어 너희가 하나님과 같이 될까 봐 그렇게
말씀하신 거야. (쉬운성경, 창3:5)

여자가 보니, 그 나무의 열매는 먹음직스러웠으며, 보기에도
아름다웠습니다. 게다가 그 열매는 사람을 지혜롭게 해 줄

것처럼 보였습니다. 그래서 여자는 그 열매를 따서 먹고, 그
열매를 옆에 있는 자기 남편에게도 주었으며, 남자도 그것을
먹었습니다. (쉬운성경, 창3:6)

하나님의 창조 목적을 파괴합니다. 하나님을 떠나갑니다. 하나님을
마음에 두기를 싫어할 뿐 아니라 하나님이 없다고 주장합니다.

사람들은 하나님을 알면서도 하나님께 영광을 돌리지도 않
았고, 하나님께 감사하지도 않았습니다. 오히려 사람들은 헛
된 것을 생각했으며, 그들의 어리석은 마음은 어둠으로 가득
찼습니다. (쉬운성경, 롬1:21)

욕망에 눈먼 인간은 중요한 것을 놓쳤습니다. 우리를 하나님 형상대로
만드신 것과 우리와 교제하기를 원하시는 하나님을 생각하지 못한 것입
니다. 하나님께 영광 돌림과 교제, 이 두 가지는 사실 한 가지입니다. 하
나님께 영광 돌리는 방법이 하나님과 교제하는 것입니다. 하나님은 우리
와 교제하시기 위해 우리를 지으셨습니다. 교제하려면 수준이 맞아야 합
니다. 우리를 하나님 형상으로 만드신 이유입니다.

그래서 하나님께서 하나님의 형상대로 사람을 창조하시되,
남자와 여자를 만드셨습니다. (쉬운성경, 창1:27)

형상이라는 말씀은 헬라어로 εἰκών(이콘)으로 이해하면 쉽습니다. 휴

대폰이나 컴퓨터에는 많은 아이콘이 있습니다. 한글 아이콘을 클릭하면 한글이 나옵니다. 우리를 하나님의 아이콘(형상)대로 지으셨습니다. 우리를 클릭(?)하면 하나님 형상이 나와야 합니다. 그러나 하나님을 떠난 인간은 그 형상이 파괴되었습니다.

파괴된 형상을 회복해야 합니다. 하나님과 교제함으로 인해 하나님께 영광 돌리는 창조 목적을 회복해야 합니다. 그러나 죄 속에 있는 우리는 할 수 없는 일입니다. 그 일을 위해 찾아오신 분이 예수님이십니다.

4) 구원자이신 예수님

타 종교는 자신의 노력과 열심을 통해 신을 찾아가는 것입니다. 찾고 찾다가 결국은 신을 만들어 냅니다. 이것이 우상입니다. 또는 아무 신이나 믿으면 구원을 받는다고 주장합니다. 이것이 종교 다원주의입니다. 성경의 하나님은 찾아오시는 하나님이십니다.

> 그 때, 그들은 여호와 하나님께서 동산을 거니시는 소리를 들었습니다. 그 때는 하루 중 서늘한 때였습니다. 아담과 그의 아내는 여호와 하나님을 피해, 동산 나무 사이에 숨었습니다. (쉬운성경, 창3:8)

죄를 범한 인간은 자신의 죄를 가리려고 옷을 만들어 입었습니다. 이 옷은 사람들이 만들어 낸 종교이기도 합니다. 어떤 사람들은 선행과 고행, 그리고 열심을 통해 구원을 받을 수 있다고 생각합니다. 자신들의 열심을 통해 의(義)를 만들어 낼 수 있다고 믿습니다. 심지어 신(神)도 만들어 냅니다. 만든 신에게 중독되고 정복되어 끔찍한 일을 저지르기도 합니다.

가나안에는 몰렉이라는 우상을 섬기는 사람들이 있었습니다. 몰렉은 놋쇠로 만들어졌는데, 사람의 몸에 황소 머리 형상을 하였습니다. 두 팔은 앞으로 뻗고 있으며 배는 뚫려 있고, 그곳에는 불이 타고 있습니다.

제사가 진행되면 부모는 불로 달구어진 몰렉 신상 팔 위에 어린 자녀를 굴려서 불타고 있는 배 속으로 떨어지게 합니다. 살아 있는 어린 자녀를 불태워 제물로 바치는 끔찍한 행위를 서슴지 않습니다.

> 네 하나님 여호와께는 네가 그와 같이 행하지 못할 것이라
> 그들은 여호와께서 꺼리시며 가증히 여기시는 일을 그들의
> 신들에게 행하여 심지어 자기들의 자녀를 불살라 그들의 신
> 들에게 드렸느니라. (개역개정, 신12:31)

인간은 자신들의 열심과 노력, 도덕과 철학, 우상 섬김을 통해 의(義)로워질 수 있다고 생각합니다. 그러나 성경은 인간이 만든 의(義)에 대해 명확하게 말씀하고 있습니다.

> 우리는 모두 죄로 더러워졌습니다. 우리의 모든 의로운 행동
> 도 더러운 옷과 같고, 죽은 잎사귀 같습니다. 우리의 죄가 바
> 람처럼 우리를 몰아갑니다. (쉬운성경, 사64:6)

인간은 하나님의 창조 목적을 파괴하였지만 여전히 찾아오셔서 구원의 손길을 내미십니다.

> 여호와 하나님께서 아담을 부르시며 말씀하셨습니다. "네가 어디에 있느냐?" (쉬운성경, 창3:9)

하나님께서 준비하신 의(義)의 옷이 있습니다.

> 여호와 하나님께서 동물 가죽으로 옷을 만들어서 아담과 그의 아내에게 입혀 주셨습니다. (쉬운성경, 창3:21)

동물 가죽으로 옷을 만들어 주셨다는 것은 어떤 동물이 죽었음을 암시합니다. 성경은 지속적으로 양이 인간을 대신하여 죽음으로 인간의 죄가 사해지는 제사법에 대해 기록하고 있습니다. 이스라엘 달력으로 7월 10일은 속죄일입니다. 우리 달력으로는 10월 10일입니다. 1년에 한 번 모든 이스라엘 죄가 용서받는 날입니다.

속죄일에는 염소 두 마리를 준비하여 한 마리는 광야로 보내어 죽게 하고, 다른 한 마리는 잡아서 성막 휘장 안 속죄소 위와 속죄소 앞에 피를 뿌립니다. 참고로 구약에서 하나님께 드려지는 제물은 황소나, 양이나, 염소를 무론하고 '어린 양'이라고 통칭합니다. 염소를 드리지만 '어린 양'을 드렸다고 합니다. 사람들은 어린 양이 죽음으로 자신들의 죄가 용서받았다는 것을 알고 있습니다. 성경은 그 어린 양에 대해 정확하게 말씀합니다.

다음 날, 요한은 자기에게 오시는 예수님을 보고 이렇게 말했습니다. "보십시오. 세상 죄를 지고 가시는 하나님의 어린 양이십니다." (쉬운성경, 요1:29)

예수님의 십자가 사건입니다. 히브리서에서 동일하게 말씀합니다.

염소와 송아지의 피로 하지 아니하고 오직 자기의 피로 영원한 속죄를 이루사 단번에 성소에 들어가셨느니라. 염소와 황소의 피와 및 암송아지의 재를 부정한 자에게 뿌려 그 육체를 정결하게 하여 거룩하게 하거든 하물며 영원하신 성령으로 말미암아 흠 없는 자기를 하나님께 드린 그리스도의 피가 어찌 너희 양심을 죽은 행실에서 깨끗하게 하고 살아 계신 하나님을 섬기게 하지 못하겠느냐. (개역개정, 히9:12-14)

예수님께서 나를 대신하여 십자가에서 죽으심으로 하나님과 교제하며 영광 돌리는 삶이 시작된 것입니다. 이것이 성경 전체의 주제이며, 핵심입니다. 우리는 예수님을 믿습니다. '믿는다'는 단어를 더욱 쉽게 표현하면 '영접'하는 것입니다.

그러나 누구든지 그분을 영접하는 사람들, 그분의 이름을 믿는 사람들에게는 하나님의 자녀가 되는 자격을 주셨습니다. (쉬운성경, 요1:12)

믿음이라는 단어보다 영접이라는 단어가 이해하기 쉽습니다. "예수님! 내 안에 오셔서 죄악으로부터 저를 구원해 주시고, 주님과 교제하는 삶을 살도록 이끌어 주세요. 저는 예수님께서 제 안에 오시는 것을 환영합니다."라고 고백하는 것이 영접이며 믿음입니다. 이렇게 예수님을 영접하면 그때부터 하나님의 형상이 회복되기 시작합니다. 예수님 닮게 됩니다.

사랑하는 친구들이여, 우리는 분명한 하나님의 자녀입니다. 우리가 아직은 미래에 어떤 모습으로 있게 될지 알 수 없지만, 그리스도께서 다시 오실 그 때에는 우리의 모습이 그와 같을 줄을 알고 있습니다. 우리는 그분의 참모습을 보게 될 것입니다.

예수 그리스도는 깨끗하신 분이십니다. 적어도 그리스도 안에서 이러한 소망을 가지고 있는 사람이라면 그리스도와 같이 자기 자신을 깨끗하게 지켜야 할 것입니다. (쉬운성경, 요일3:3)

'지금 여기'

1) '지금 여기'(삶의 자리)

하나님께서 우리를 창조하신 목적은 하나님께 영광 돌리는 삶입니다. 하나님 사랑을 모르던 때는 "내 인생이 얼마나 귀중한데 알지도 못하는 하나님께 영광 돌리는 삶을 위해 만들었다고 하는가?" 하고 분노하였습니다. 그러나 예수님을 믿고 신앙생활을 하면서 하나님께서 얼마나 우리를 사랑하시는지 알았습니다. 우리를 위하여 온 세상을 창조하셨음을 알았습니다. 하나님께 영광 돌리는 것이 얼마나 영광스러운지 알았습니다.

더욱 놀라운 것은 영광 돌리는 단순한 피조물이 아니라 하나님과 교제하도록 지어진 존재라는 것입니다. 하나님 형상으로 지어진 이유도 알았습니다. 찬송, 기도, 말씀, 경건한 삶 등을 통해 하나님과 깊은 친밀함, 사귐, 교제가 일어납니다.

두려운 하나님, 불편한 하나님이 아니라 찾아오시고, 구원하시고, 자녀 삼으시고, 동행하시는 하나님을 알았습니다. 이제는 의의 옷을 입고 주와 동행하는 성령님으로 충만한 삶을 시작하게 된 것입니다.

오직 너희의 심령이 새롭게 되어 하나님을 따라 의와 진리의
거룩함으로 지으심을 받은 새 사람을 입으라. (개역개정, 엡

4:23-24)

   '**그때 거기**'에서 우리와 교제하심으로 영광받으시기 원하시는 하나님
은 '**지금 여기**'에서도 동일하게 우리와 교제하시며 우리의 삶을 통해 영
광받으시기 원하십니다.

묵상을 위한 질문

1. 하나님께서 사람을 하나님 형상으로 만드신 목적은 무엇인가요?

2. 죄를 범한 인간은 죄를 가리기 위해 수많은 옷을 만들어 냅니다. 인간의 죄를 가리기 위해 만들어진 방법들은 무엇이 있나요? 나는 어떤 방식으로 내 죄를 가릴 수 있다고 생각하나요?

3. 동물을 죽여 가죽옷을 만드시는 하나님, 먼 훗날 그 동물 대신 십자가에 죽으심으로 우리 죄악을 가리시는 하나님 아들 예수님. 가죽옷을 지어 입히시는 하나님 아버지의 마음을 묵상해 보셨나요?

4. 예수님을 영접하는 믿음으로만 하나님 형상이 회복됩니다. 하나님 형상이 회복될 때 비로소 하나님께 영광 돌리는 삶, 교제하는 삶이 시작

됩니다. 나는 예수님을 진심으로 영접하였나요?

5. 하나님께서 우리를 창조하신 목적은 교제하기 위함입니다. 나는 어떤 방식으로 하나님과 교제하는 삶을 살고 있나요?

6. '지금 여기'에서 하나님께 영광 돌리며, 하나님과 교제하는 구체적인 방법을 찾아보세요.

03

방주

[구원사 관점에서 본 창세기 6장]

그러나 노아는 여호와께 은혜를 입었더라. (개역개정, 창6:8)

조던 B. 피터슨은 토론토 대학교 학생들이 뽑은 '내 인생을 바꾼 교수'로 선정되었습니다. 그는《12가지 인생 법칙》에서 첫 번째 법칙으로 "어깨를 펴고 똑바로 서라"면서 바닷가재의 영역 다툼에 대해 말하고 있습니다.

좋은 은신처를 차지하기 위해 바닷가재 둘이 전투를 합니다. 서로 마주치면 눈 밑에 있는 분출기관을 통해 상대에게 특별한 액체를 뿌립니다. 그 액체에는 자기 몸집과 성별, 건강과 감정을 상대에게 전달하는 화학물질이 들어 있습니다. 열성인 가재가 물러납니다. 비등하면 전투가 벌어지는데 끝까지 둘이 다 버티면 결과는 참혹해집니다. 둘 중 한 마리는 살아남기 힘든 상태가 됩니다.

그런데 패배한 바닷가재는 모든 것이 변한다고 합니다.

뇌 구조가 완전히 해체되어 약자에 적합한 새로운 뇌가 형성됩니다. 자신감을 잃게 되고, 후줄근하고 무기력하고 위축된 모습이 됩니다. 작은 소리에도 도망을 합니다.

승리한 가재는 몸이 더 유연해지고, 집게발도 더 커집니다. 이기는 자는 계속 이겨 갑니다. 이 원칙을 마태의 원칙이라고 합니다.

무릇 있는 자는 받아 풍족하게 되고 없는 자는 그 있는 것까지 빼앗기리라. (개역개정, 마25:29)

패배 의식에 사로잡힌 사람은 패배한 바닷가재 같은 양상을 띱니다. 어깨가 처지고 고개를 숙인 채 걷습니다. 자신감을 잃고 의기소침해지고, 마음이 약해지고, 불안함을 느낍니다. 만성적인 우울증으로 발전하기도 합니다. 스트레스에 더 많이 노출되고, 육체적으로도 더 힘이 듭니다. 좋은 친구가 없어 모든 것을 혼자 처리해야 합니다. 충동적으로 행동합니다. 부정적인 생각이 늘 머물고 있고, 불안감으로 심장 박동은 빨라집니다. 행복감은 멀어지고, 불안감과 슬픔은 커지고, 결국 공황장애까지 겪게 됩니다.

어떻게 이 모든 것을 바꿀 수 있는가? 이 책의 저자는 '어깨를 펴고 똑바로 서라'고 가르쳐 줍니다. 허리를 펴고 당당한 자세를 하고 있으면 사람들이 다르게 본다는 것입니다.

상황도 달라집니다. 알기는 하겠는데 그것이 어렵습니다.

이 시점에서 중요한 사실을 기억해야 합니다. 우리는 패배한 바닷가재가 아니라는 것입니다. 바닷가재는 혼자 싸워야 합니다. 우리에게는 이미 승리하신 예수님이 계십니다. 우리가 어깨를 펴는 근거가 예수님에게 있습니다. 똑바로 서는 힘이 예수님께 있습니다. 우리를 모든 죄에서 건지셨습니다. 우리 모든 빚을 갚으셨습니다. 하나님 자녀의 신분을 주셨습니다. 천국 백성이라는 신분이 있습니다. 어깨를 펴고 똑바로 서라고 하십니다.

'그때 거기'

창세기 5장과 6장에는 죽음 속에서도 죽지 않고 살아남은 두 사람의 이야기가 나옵니다. 창세기 6장의 노아와 5장의 에녹입니다. 두 사람은 어떻게 죽음 속에서 구원을 받았을까요? 6장의 노아부터 살펴봅니다.

1) 죄의 확산

아담의 타락 이후 죄는 급속도로 사람들의 마음을 파고들었습니다. 그리고 노아의 때에 절정을 이룹니다. 하나님은 그런 세상을 멸하시기로 작정하십니다.

> 여호와께서 사람의 죄악이 세상에 가득함과 그의 마음으로
> 생각하는 모든 계획이 항상 악할 뿐임을 보시고. (개역개정,
> 창6:5)

외적으로는 죄악이 세상에 가득합니다. 내적으로는 사람들의 마음과 생각이 항상 악합니다. 항상 악한 마음과 생각이 무엇인지 예수님께서 마태복음에서 말씀하여 주셨습니다.

노아의 때처럼 인자가 다시 올 때도 그와 비슷할 것이다. 홍수가 나기 전, 노아가 배에 들어가기 전까지도 사람들은 먹고 마시며, 장가가고 시집가며 지냈다. 홍수가 나서 모든 사람들을 쓸어가기 직전까지, 사람들은 전혀 깨닫지 못하였다. 인자가 올 때도 그와 같을 것이다. (쉬운성경, 마24:37-29)

"먹고 마시며, 장가가고 시집가며"라는 말씀이 죄라는 것은 아닙니다. 하나님의 일에 대한 무지함이 죄입니다. 일상 속에 하나님 없이 사는 삶이 죄입니다. 우리는 앞에서 사람의 목적이 주님과 교제하며 하나님께 영광 돌리는 삶이라는 것을 읽었습니다.

세상은 하나님이 없는 것처럼 살아갑니다. 그것이 죄입니다. 하나님을 알 만한 것을 온 천하 만물에 지문처럼 찍어 보이셨건만 외면하고 살아갑니다. 먹고 마시며, 장가가고 시집가는 일상에 빠져 하나님 나라를 외면하고 살아갑니다.

예수님께서 십자가에서 죽으시고 삼일 만에 부활하실 것을 제자들에게 말씀하셨습니다. 그때 절대로 이런 일이 일어나서는 안 된다고 베드로가 예수님을 붙들고 말렸습니다. 그런 베드로를 예수님이 책망하십니다.

예수께서 돌이키시며 베드로에게 이르시되 사탄아 내 뒤로 물러가라 너는 나를 넘어지게 하는 자로다 네가 하나님의 일을 생각하지 아니하고 도리어 사람의 일을 생각하는도다 하시고. (개역개정, 마16:23)

사탄이라고 하신 것은 가장 큰 책망이십니다. 무엇이 죄인가요? 하나님의 일을 생각하지 않고 도리어 사람의 일을 생각하는 것입니다.

2) 멸하리라

세상을 바라보시며 하나님은 한탄하십니다. 근심하십니다. 모든 것을 쓸어버리기로 작정하십니다. 이 모든 계획을 노아에게 말씀하십니다.

> 하나님이 보신즉 땅이 부패하였으니 이는 땅에서 모든 혈육 있는 자의 행위가 부패함이었더라. 하나님이 노아에게 이르시되 모든 혈육 있는 자의 포악함이 땅에 가득하므로 그 끝 날이 내 앞에 이르렀으니 내가 그들을 땅과 함께 멸하리라.
> (개역개정, 창6:12-13)

"그 끝 날이 내 앞에 이르렀다"고 말씀하십니다. 그날은 하나님의 심판의 날입니다. 개인적으로는 죽음의 시간입니다. 우주적으로는 예수님이 재림하시는 시간입니다. 하나님은 심판을 준비하십니다. 그런 가운데도 하나님은 구원의 손길을 펼치십니다.

3) 구원 계획

하나님은 노아를 부르셔서 구원의 방주를 지으라고 하십니다. 노아는 최대 120년의 삶을 드려 방주를 만듭니다. 노아가 만든 방주는 구원에 관한 중요한 특성이 있습니다.

방주에 대한 설계를 하나님이 하셨습니다. 노아 가족 모두가 들어갔습니다. 하나님께서 방주의 문을 닫으셨습니다. 천하의 높은 산이 물에 다 잠겼지만 방주는 안전했습니다. 방주 안에서 긴 홍수 기간(약 1년 17일) 동안 살았습니다. 방주는 무동력선입니다. 방향키도 없습니다. 오직 하나님께서 이끄시는 대로 항해합니다. 땅 위에 생물이 다 죽었지만 방주 안에 있던 노아 가족과 짐승들은 모두 살았습니다. 방주에 들어간 그대로 나왔습니다.

노아 방주를 통해 성경은 우리에게 한 가지를 들려주고 있습니다. 방주 안에 있었는가? 밖에 있었는가? 이것이 생사를 결정짓습니다. 방주의 문은 모든 사람에게 생명의 문입니다. 누구든지 그 문으로 들어오는 사람을 거절하지 않습니다. 그러나 사람들은 "먹고 마시며, 장가가고 시집가며" 하나님의 심판에 대해 애써 외면하고 살아갑니다.

4) 오직 은혜

노아가 하나님께 부름받은 이유는 하나님의 은혜가 부어졌기 때문입니다. 부름받은 근거가 노아에게 있지 않다는 것이지요. 그때나 지금이나 구원받고, 하나님 자녀가 되고, 새로운 삶을 시작할 수 있는 유일한 근거는 하나님의 은혜입니다. 노아가 의인이요 당대의 완전한 자가 될 수 있었던 이유 역시 하나님의 은혜를 입었기 때문입니다. 하나님의 은혜가 임한 노아는 하나님과 사귐의 삶도 살았습니다. 성경은 하나님과 동행하였다고 말씀합니다.

그러나 노아는 여호와께 은혜를 입었더라. 이것이 노아의 족
보니라 노아는 의인이요 당대에 완전한 자라 그는 하나님과
동행하였으며. (개역개정, 창6:8-9)

하나님과 동행한 창세기 5장의 에녹도 동일합니다.

5) 에녹

창세기 4장 17절과 창세기 5장 21절에는 에녹이라는 이름이 나옵니
다. 창세기 4장의 에녹은 아담의 아들 가인 계통의 후손입니다. 창세기 5
장의 에녹은 아담이 낳은 셋 계통의 후손입니다. 동명이인이지요. 창세
기 5장 아담의 족보에는 많은 사람들의 이름이 나오지만 그 끝은 언제나
"죽었더라"로 결론 났습니다.

그런데 뜻밖에 한 사람, 죽지 않은 사람이 나옵니다. 바로 에녹입니다.
에녹은 365년을 살았습니다. 하나님의 뜻을 따라 평생 하나님과 깊은 관
계를 누리며 살다가 갑자기 사라졌습니다. 이는 하나님께서 그를 데려가
셨기 때문입니다. (창5:21-24)

무엇이 에녹으로 하여금 하나님과 깊은 관계를 맺도록 하였을까요?
므두셀라의 이름 뜻에서 그 의미를 찾아봅니다. '므두셀라'는 '창을 들고
마을을 지키는 자'라는 의미를 담고 있습니다. 마을에서 가장 용맹한 자
로 창을 들고 마을을 지키는 사람입니다. 따라서 '므두셀라'가 죽으면 '그
마을은 다른 부족에 의해 모두 죽음'을 당함을 의미합니다.

심판의 개념입니다. 에녹은 아들을 낳고 이름을 '므두셀라'라고 부릅니

다. 아들 이름을 부를 때마다 심판을 떠올립니다. 사람들은 "먹고 마시며, 장가가고 시집가며" 하나님의 일을 생각지 않고, 심판을 애써 외면하던 시대에 에녹은 아들이 이름을 부르며 '하나님의 일'을 생각하고 하나님의 심판을 선포합니다.

> 아담의 칠대 손 에녹이 이 사람들에 대하여도 예언하여 이르되 보라 주께서 그 수만의 거룩한 자와 함께 임하셨나니 이는 뭇 사람을 심판하사 모든 경건하지 않은 자가 경건하지 않게 행한 모든 경건하지 않은 일과 또 경건하지 않은 죄인들이 주를 거슬러 한 모든 완악한 말로 말미암아 그들을 정죄하려 하심이라 하였느니라. (개역개정, 유1:14-15)

'임하셨나니'라는 과거적 표현은 미래에 일어날 사건이 분명하고 확실하여 변하지 않음을 강조할 때 사용합니다. 에녹은 하나님의 심판이 있음을 분명히 알고 있습니다. 사람들에게 심판을 예언합니다. 스스로도 심판을 준비하는 삶을 살아냅니다. 하나님과 삼백 년을 동행합니다. 365세에 하나님 나라로 옮겨집니다.

6) 므두셀라

성경에서 가장 오래 산 사람은 므두셀라로 969세를 살았습니다. 가장 오래 산 사람입니다. 공교롭게도 므두셀라가 969세 되던 해는 노아가 600세 되던 해입니다.

므두셀라는 187세에 라멕을 낳았고 라멕을 낳은 후 782년을 지내며 자녀를 낳았으며 그는 969세를 살고 죽었더라. 라멕은 182세에 아들을 낳고 이름을 노아라 하여 이르되 여호와께서 땅을 저주하시므로 수고롭게 일하는 우리를 이 아들이 안위하리라 하였더라. (개역개정, 창5:25-29)

라멕이 태어났을 때 므두셀라는 187세입니다. 라멕이 182세에 노아를 낳았으니 노아가 태어났을 때 므두셀라는 369세입니다. 그리고 노아가 600세 되던 때 홍수가 났습니다. 므두셀라 969세 때입니다. 중요한 것은 므두셀라가 가장 오래 산 이유입니다. 그의 아버지 에녹은 심판에 대하여 예언하는 예언자적 삶을 살았습니다. 아들은 이것을 지켜보았습니다. 내가 죽으면 심판이 온다.

하나님께서 우리에게 들려주시는 은혜의 말씀이 이것입니다. 심판이 있으니 돌아오라는 것입니다. 돌아오기까지 기다리신다는 것입니다. 므두셀라를 가장 오래 살게까지 생명을 유지시키십니다.

심판을 미루고 미루시면서 돌아오기를 기다리시는 하나님이십니다. 가장 오래 살았다는 것은 우리를 기다리시는 하나님의 사랑의 마음입니다. 돌아오기를 기다리시는 사랑입니다. 그러나 영원히 기다리지 않음을 기억해야 합니다. 우리 인생이 다 지나가도록 기다리시지만 돌아오지 않는 자에게는 영원한 심판이 있습니다.

'지금 여기'

1) '지금 여기'(삶의 자리)

베드로후서 3장은 예수님 재림하시는 심판과 구원의 때에 일어날 사건들을 말씀하고 있습니다.

> 마지막 때에 어떤 일이 일어날지 분명히 아십시오. 사람들이 자기들 하고 싶은 대로 악한 일을 하며, 여러분을 비웃을 것입니다. 그들은 "다시 온다고 약속한 예수는 도대체 어디 있습니까? 우리 조상들은 죽었고, 이 세상은 창조된 후로 달라진 게 없지 않습니까?"라고 말할 것입니다. 그들은 옛적에 하나님께서 말씀으로 하늘과 땅을 지으시고, 또한 땅이 물에서 나와 물로 이루어진 것을 일부러 잊으려고 합니다. (쉬운성경, 벧후3:3-5)

"먹고 마시며, 장가가고 시집가며" 하나님의 심판과 구원의 역사를 일부러 잊으려고 합니다.

그 후, 하나님께서 세상을 홍수로 멸하셨습니다. 또한 동일한 하나님의 말씀이 지금 이 세상의 하늘과 땅을 지키고 있습니다. 우리가 살고 있는 이 세상은 불로 멸망당할 것인데, 마지막 심판 날에 하나님을 믿지 않고 거역한 사람들과 함께 멸망될 것입니다. (쉬운성경, 벧후3:6-7)

2) 심판과 구원이 있습니다.

그러나 사랑하는 여러분, 이 한 가지만은 잊지 마십시오. 주님께는 하루가 천 년 같고, 천 년이 하루와도 같습니다. 우리 주님은 하시기로 약속하신 것을 뒤로 미루시는 분이 아닙니다. 어떤 사람들은 더디다고 생각할지도 모릅니다. 그러나 이것은 하나님께서 우리를 위해 오래 참으시기 때문입니다. 하나님께서는 한 사람이라도 멸망치 않고 모두 회개하고 돌아오기를 바라고 계십니다. 하지만 주님의 날은 도적같이 갑자기 올 것입니다. 하늘이 큰 소리를 내며 사라지고, 하늘에 있는 모든 것들이 불에 의해 녹을 것입니다. 또한 땅과 땅에 있는 모든 것들도 불타 버릴 것입니다. 모든 것이 이렇게 다 타 버릴 텐데, 여러분은 어떤 사람이 되어야 하겠습니까? 거룩하고 경건하게 살아야 하지 않겠습니까? 여러분은 그 날이 오기를 손꼽아 기다려야 합니다. 그 날에 하늘과 하늘에 있는 모든 것이 불타 없어지겠지만, 하나님께서는 우리에게 약속하셨습니다. 정의가 살아 있는 새 하늘과 새 땅을 우리에게 주시겠다고 말입니다. 사랑하는 여러분, 그 날을 기다리며 죄를 멀리하고 흠 없이 살도록 노력하십시오. 하나님과 평안 가운데 거하시기 바랍니다. 우리 주님의 오래 참으심으로 우리가 구원 받았다는 사실을 잊지 마시기 바랍니다. (쉬운성경, 벧후3:8-15)

심판의 역사와 구원의 역사는 동전의 양면과 같습니다. 한 편에서는 심판이 일어나지만 다른 편에서는 노아처럼, 에녹처럼 구원의 역사가 펼쳐집니다. 에녹과 노아가 당대의 사람들과 다른 점은 부어 주시는 은혜를 통해 하나님과 동행하였다는 것입니다. 우리는 하나님이 부어 주시는 은혜로 말미암아 예수님을 믿음으로 구원받습니다. 구원받은 사람은 예수님을 영접합니다. 예수님과 사귐이 있습니다.

주의 약속은 어떤 이의 더디다고 생각하는 것같이 더딘 것이 아니라 오직 너희를 대하여 오래 참으사 아무도 멸망치 않고 다 회개하기에 이르기를 원하시느니라. 그러나 주의 날이 도둑같이 오리니… (쉬운성경, 벧후3:9-10)

'그때 거기'에서 오래 참으심으로 기다리신 하나님은
'지금 여기'에서도 당신을 오래 참고 기다리고 계십니다.

1. 노아의 때와 같은 시대를 살아갑니다. 세상의 일에 몰입되어 하나님의 일을 생각하지 못합니다. 주일에 예배하는 것으로 하나님의 일을 모두 하였다고 생각합니다. 내가 생각하는 하나님의 일은 무엇입니까?

2. 에녹은 므두셀라의 이름을 부르며 하나님의 심판을 기억합니다. 노아는 방주를 만들면서 하나님의 심판을 준비합니다. 나에게 있어서 므두셀라는 무엇인가요? 노아의 방주는 무엇인가요?

3. 에녹은 심판을 예언(유1:14-15)했습니다. 노아는 의를 전파(벧후 2:5)했습니다. 당신의 삶을 통해 하나님의 구원과 심판을 전해야 하는 의무가 당신에게 있습니다. 당신은 복음을 전하는 사명을 감당하고 있나요?

4. 당신은 방주 안에 있나요? 예수님 안에 있나요? 예수님과 동행하는 삶을 살고 있나요?

04

바벨탑과 아브라함
(구원과 관점에서 본 창세기 11, 12장)

여호와께서 아브람에게 말씀하셨습니다. "네 나라와 네 친
척과 네 아비의 집을 떠나 내가 너에게 보여 줄 땅으로 가거
라." (쉬운성경, 창12:1)

김미라의 〈오늘의 오프닝〉에서 〈왕의 남자〉에 대한 글을 읽었습니다. 공길은 〈조선왕조실록〉에 등장하는 실존인물입니다. 그런데 연산군 편에 딱 한 줄 등장합니다. 그 한 줄 기록이 두 시간에 가까운 영화 〈왕의 남자〉로 탄생한 것입니다.

1831년 발표된 빅토르 위고의 〈노트르담의 꼽추〉도 마찬가지입니다. 빅토르 위고가 노트르담 성당 탑 속 어두운 구석에 '숙명'이라는 낱말이 새겨진 것을 보게 됩니다. 그리고 생각합니다.

> "낡은 성당 안에 이런 죄의 흔적을 남긴 사람은 누구일까? 이런 불행의 흔적을 남기지 않으면 안 될 만큼 지독한 고민에 빠진 사람은 누구일까?"

곧바로 〈노트르담의 꼽추〉를 쓰게 되고 '얼굴을 보지 마시고 마음을 보세요' 하는 감동의 이야기가 시작됩니다.

현대는 이야기 시대입니다. 사람들은 이야기에 귀를 기울입니다. 성경에는 수많은 이야기가 들어 있습니다. 그 이야기들의 핵심은 하나님께서 우리를 구원하신다는 것이고, 우리 각 자가 주인공으로 살기를 바라신다는 것입니다. 초라한 한 노인을 불러 역사의 주인공으로 세우시는 하나님의 이야기가 아브라함을 통해 펼쳐집니다.

'그때 거기'

1) 홍수 이후

홍수 이후 하나님은 노아와 그 아들들에게 처음 사람을 만드셨을 때 약속하셨던 복을 다시 확인시켜 주십니다.

> 하나님이 노아와 그 아들들에게 복을 주시며 그들에게 이르
> 시되 생육하고 번성하여 땅에 충만하라. (개역개정, 창9:1)

다시는 물로 멸하지 않을 것을 약속하십니다. 그 약속의 징표로 무지개를 구름 속에 두십니다. 무지개 언약입니다. 무지개는 히브리어로 보면 활이라는 뜻입니다. 활의 언약입니다. 무지개 언약은 하나님의 심판과 구원을 모두 상징합니다. 활은 전쟁하는 무기입니다. 심판의 의미입니다. 그 활을 걸어 놓으셨습니다. 평화를 뜻합니다. 조금 더 생각해 보면 활의 방향은 언제나 하늘을 향하고 있습니다. 비가 온 후에 무지개를 보면서 활의 방향이 하늘로 향해 있으니 두려워 말라는 의미이지요. 우리를 위협하지 않는 하나님의 사랑을 알 수 있습니다. 그럼에도 활은 아직 공중에 걸려 있습니다. 이 무지개(활)는 계시록 4장에 나타납니다.

내가 곧 성령에 감동되었더니 보라 하늘에 보좌를 베풀었고 그 보좌 위에 앉으신 이가 있는데 앉으신 이의 모양이 벽옥과 홍보석 같고 또 무지개가 있어 보좌에 둘렸는데 그 모양이 녹보석 같더라. (개역개정, 계4:2-3)

예수님의 재림을 통해 전쟁이 완전히 끝나는 것이지요. 재림하시기 전까지 전쟁은 끝나지 않았습니다. 하나님은 무지개 언약을 통해 복을 재확인해 주시지만 사람들은 여전히 자기 소견에 옳은 대로 행동합니다.

2) 바벨탑

모이면 예배하고, 사랑하고, 섬기는 삶이면 얼마나 아름답겠습니까? 죄악의 권세 속에 있는 사람들은 정반대의 길을 걸어갑니다. 시날 평지에 정착하고 하나님이 주신 지혜와 지식으로 다시 하나님께 반역을 도모합니다.

서로 말하되 자, 벽돌을 만들어 견고히 굽자 하고 이에 벽돌로 돌을 대신하며 역청으로 진흙을 대신하고 또 말하되 자, 성읍과 탑을 건설하여 그 탑 꼭대기를 하늘에 닿게 하여 우리 이름을 내고 온 지면에 흩어짐을 면하자 하였더니. (개역개정, 창11:3-4)

거듭나지 않은 지, 정, 의는 언제나 하나님과 반대의 길을 걷게 합니다. 하늘까지 닿는 탑을 쌓자는 것은 하나님을 머리로 삼지 않고 자신들이 머리가 되려고 하는 것입니다. 이들은 '우리 이름을 내자'고 외치고 있습니다. 뱀이 여자를 유혹할 때 '선악을 알게 하는 나무의 열매를 먹으면 하나님과 같이 된다(창3:5)'고 한 말과 같습니다.

선악을 알게 하는 나무의 열매를 먹는 것이 왜 죄가 되는가요? 선과 악의 결정권자가 하나님이심을 인정하지 않겠다는 것입니다. 내가 내 방식대로 선과 악을 결정짓겠다는 것입니다. 자기에게 유리하게 선악을 규정하겠다는 것입니다. 사람들은 '우리 이름을 내자'고 소리 지릅니다. 우리가 하나님이 되자는 것입니다. 쌓은 대(臺)를 보면 그들의 생각을 금방 알 수 있습니다. '대(臺)'는 히브리어로 믹달(מִגְדָּל)입니다. 일반적으로 "망대"나 방어용 탑으로 사용되지요.

그러나 시날 평지에 쌓은 바벨탑은 그런 의미가 아닙니다. 지구라트 중 하나입니다. 지구라트는 거대한 피라미드 형태의 탑으로 고대 메소포타미아 지역에 수메르 시대부터 후기 바벨론 시대까지 광범위하여 걸쳐서 나타났습니다. 신전을 세우기 위한 대(臺)로서 그 위에 신전이 세워졌습니다. 종교적 기능을 위해 세워진 탑입니다. 제사장은 이곳에서 신에게 제사함으로 신을 불러들입니다. 따라서 지구라트는 하늘과 땅을 연결하는 고리로 이용되었습니다.

그러나 바벨탑이 지구라트 그 자체는 아닙니다. 지구라트는 신을 섬기기 위해 준비한 것이지만 본문의 바벨탑은 하나님을 대항하며, 스스로를 높이기 위하여 만들어졌기 때문입니다. 스스로 하나님 자리에 앉으려고 한 것이지요. 흩어짐을 면하자는 말도 하나님 뜻에 정면으로 위배됩니다. 창세기 1장과 9장에서 하나님은 사람을 지으시고 복을 주시며 말씀하셨습니다.

> 너희는 생육하고 번성하며 땅에 가득하여 그 중에서 번성하라 하셨더라. (개역개정, 창9:7)

복을 주신 그대로 되었습니다. 그러나 결정적 순간 힘과 지혜와 능력을 얻은 이들은 흩어짐을 면하자며 대(臺)를 만들고 하나님에게서 돌아섭니다. 이 일을 주도한 사람은 니므롯(창10:8)입니다. 창세기 10장은 족보에 대해 기술하고 있습니다. 그런데 니므롯에 대해서는 설명이 덧붙여 있습니다.

> 구스가 또 니므롯을 낳았으니 그는 세상에 첫 용사라 그가 여호와 앞에서 용감한 사냥꾼이 되었으므로 속담에 이르기를 아무는 여호와 앞에 니므롯 같이 용감한 사냥꾼이로다 하더라. (개역개정, 창10:8-9)

'여호와 앞에 니므롯'이라는 표현을 보면 신앙의 본보기도 될 수 있고, 하나님을 반역하는 사람으로도 해석할 수 있는데 '반역하는 사람'으로 해석하는 것이 합당합니다. '니므롯'의 뜻은 '우리가 반역하리라'는 의미를 담고 있기 때문입니다. 유대인의 기록인 하가다(Haggadah)는 니므롯에 대해 바벨탑을 쌓아 하나님에게 반역하도록 이끈 자로 기록하고 있습니다. 니므롯은 용감한 사냥꾼이라고 기록된 말씀 이후를 보면 그가 정복한 나라들이 나옵니다.

> 그의 나라는 시날 땅의 바벨과 에렉과 악갓과 갈레에서 시작
> 되었으며 그가 그 땅에서 앗수르로 나아가 니느웨와 르호보
> 딜과 갈라와 및 니느웨와 갈라 사이의 레센을 건설하였으니
> 이는 큰 성읍이라. (개역개정, 창10:10-12)

전쟁하고, 사람을 죽이고, 대를 쌓아 하나님을 대적한 사람이지요.
오늘날 지구촌에서 벌어지고 있는 일들과 대동소이합니다.

3) 징계

하나님의 창조 목적에 철저히 반하는 인간들을 보며 하나님은 그들에
게 내려오십니다. 죄악이 극에 달했을 때 하나님께서 내려오십니다.

> 여호와께서 또 이르시되 소돔과 고모라에 대한 부르짖음이
> 크고 그 죄악이 심히 무거우니 내가 이제 내려가서 그 모든
> 행한 것이 과연 내게 들린 부르짖음과 같은지 그렇지 않은지
> 내가 보고 알려 하노라. (개역개정, 창18:20-21)

바벨탑을 쌓는 현장에, 소돔과 고모라 죄악의 현장에 하나님이 내려오
십니다. 심판하시려고 내려오십니다. 마음과 뜻과 힘을 합하여 하나님을
대적하는 인간들을 보며 언어를 뒤섞어 놓으십니다. 그곳 이름이 바벨입

니다.

여호와께서 사람들이 건설하는 그 성읍과 탑을 보려고 내려
오셨더라 여호와께서 이르시되 이 무리가 한 족속이요 언어
도 하나이므로 이같이 시작하였으니 이 후로는 그 하고자 하
는 일을 막을 수 없으리로다 자, 우리가 내려가서 거기서 그
들의 언어를 혼잡하게 하여 그들이 서로 알아듣지 못하게 하
자 하시고 여호와께서 거기서 그들을 온 지면에 흩으셨으므
로 그들이 그 도시를 건설하기를 그쳤더라 그러므로 그 이
름을 바벨이라 하니 이는 여호와께서 거기서 온 땅의 언어를
혼잡하게 하셨음이니라 여호와께서 거기서 그들을 온 지면
에 흩으셨더라. (개역개정, 창11:5-9)

바벨

본문은 마치 바벨이라는 이름이 언어를 "혼잡케 하다"(바랄, בָּלַל)라는 단어에서 유래된 것처럼 말한다. 이러한 진술에 대하여 많은 학자들은 혼란스러워한다. 왜냐하면 바벨은 그 의미가 너무 잘 알려진 이름이기 때문이다. 아카드어에서 밥일(bab-il)은 '신의 문' 혹은 '하늘의 문'이란 뜻을 갖고 있다. 수메르어도 복수로 밥일리(bab-ili)의 용어가 사용되었는데, 뜻은 역시 '신들의 문'이란 뜻이다. 그런데 성경은 왜 그 이름이 언어의 혼잡에서 유래되었다고 말하는가? 9절은 "그러므로"(알-켄, עַל־כֵּן)라는 접속사로 시작하는데, 이것은 앞의 문장과 연결됨을 나타낸다. 거슬러 앞의 문장 7절로 가 보면 하나님이 언어를 "혼잡케 하여"(나베라, הָבְבֳלָה)라고 하였는데, 여기에 사용된 나베라는 9절의 "혼잡케 하다"인 바랄(בָּלַל)과 어근 적으로 서로 상관관계가 있음이 분명하다. 여기에 기초하여 어떤 학자들은 바랄과 바벨(בָּבֶל)이 어근상 서로 관계가 있음을 밝히려고 애쓴다. 그러나 바랄과 바벨은 자모가 일치하지 않으므로 양자가 어근상 상호관계가 있다는 것은 증명되기 힘들다. 그 뿐만 아니라 지명 바벨(בָּבֶל)은 근동지방에서 널리 사용된 이름으로서 아카드어의 밥일(bab-il, 신의 문)과 연관된 것임을 부인하지 못한다. 따라서 어근학적으로 접근하는 많은 학자들은 왜 성경이 바벨이라는 이름의 의미를 이 명백한 사실에서부터 채택하지 않고 오히려 "(언어를) 혼잡케 하다"는 어근과 전혀 관계가 없는 의미를 부여하는지 풀기 어려운 신비로 본다. 그러나 우리는 "바벨"과 "(언어를) 혼잡케 하다" 양자 간의 관계를 어근학적인 접근이 아닌 음성학적인 접근으로 규명할 수 있다고 본다. 본문 7절에 "자, 우리가 내려가서 거기서 그들의 언어를 혼잡케 하여 그들로 서로 알아듣지 못하게 하자"라고 말한다. 본문은 사람들이 "서로 알아듣지 못하였다"는 데에서부터 '바벨'이라는 이름이 나온 것으로 밝히는 것이다.

그들이 왜 언어를 알아듣지 못하였는가? 원래 "구음이 하나였고 언어가 하나였다"(11:1). 그런데 하나님이 혼잡하게 만들자 그들은 서로 알아듣지 못하였다. 갑자기 상대방의 말이 지껄이는 소리로만 들릴 뿐이었다. 이 지껄이는 소리라는 의성어로 "바벨"이라는 용어가 사용된 것이다. 즉 그들은 상대방의 말이 '바벨, 바벨…' 하고 지껄이는 소리로밖에 들리지 않았다는 의미이며, 하나님께서는 그것을 기념케 하기 위하여 그 지명을 '바벨'로 붙였다고 본문이 말하는 것이다. (한정건,《창세기》)

창세기 11장은 교차대구법으로 기록되어 있습니다. 창세기 11장 3-4절은 인간의 계획이 있고, 창세기 11장 7-8절에는 하나님의 계획이 있습니다. 그리고 역사는 하나님 계획대로 이뤄졌습니다.

A   "온 땅의 언어가 하나"(1절)

B   "거기"(2절)

C   "서로"(3절)

D   "자, 벽돌을 만들자"

E   "쌓자"(4절)

F   "성과 대를"

G   "여호와께서 강림"(5절)

F′   "성과 대를"

E′   "인생들의 쌓는"

D′   "자, …혼잡케 하자"(7절)

C′   "서로의 언어"(개역성경에는 없음)

B′   "거기서"(8절)

A′   "온 땅의 언어"(9절).

하나님을 목적 삼을 때 언어가 하나 됩니다. 자신을 높일 때 언어가 혼잡해지는 불통의 시대가 됩니다. 불통이 소통으로 바뀐 사건이 오순절 성령강림 사건입니다.

그들이 다 성령의 충만함을 받고 성령이 말하게 하심을 따라

다른 언어들로 말하기를 시작하니라 그 때에 경건한 유대인
들이 천하 각국으로부터 와서 예루살렘에 머물러 있더니 이
소리가 나매 큰 무리가 모여 각각 자기의 방언으로 제자들이
말하는 것을 듣고 소동하여 다 놀라 신기하게 여겨 이르되
보라 이 말하는 사람들이 다 갈릴리 사람이 아니냐. 우리가
우리 각 사람이 난 곳 방언으로 듣게 되는 것이 어찌 됨이냐.
(개역개정, 행2:4-8)

나를 높이면 타인의 말이 들리지 않고, 하나님 말씀도 들려오지 않습니다. 하나님을 높일 때 성경의 말씀이 들려올 뿐 아니라 타인의 말도 들려옵니다. 교회 생활은 듣기 평가와 같습니다. 말씀이 들려오고 말이 들려오면 하나님을 높이고 있는 시간입니다.

아무 소리도 들려오지 않으면 자신을 높이고 있느라 바벨탑을 쌓고 있는 것입니다. 가정에서, 직장에서, 교회에서 혹시 말이 통하지 않음으로 불편하고 괴로운 시간을 보내고 계신가요? 무조건 하나님을 먼저 높이는 찬송과 기도를 드리고, 하나님을 높이는 말을 시작해 보시기 바랍니다. 바로 소통이 일어나고, 평화가 이뤄집니다. 성경적 방법입니다. 바벨의 시간, 자신만을 높이는 시간, 흩어짐과 심판의 시간에 하나님은 여전히 구원을 위해 한 사람을 준비시키십니다.

4) 아브라함

언약의 대표자로, 새로운 구원의 출발점으로 아브라함을 부르십니다.

아브라함은 처음부터 위대하고 훌륭한 사람이라서 불림을 받은 것이 아닙니다. 아브라함은 아내를 누이라고 두 번이나 속인 사람입니다. 그가 살던 갈대아 우르는 상업의 중심지였습니다.

달신(月神) 숭배가 성행했기에 우상 제작에 사용되는 구리, 상아, 금 등이 활발히 매매되었습니다. 바벨탑의 원형으로 가장 완전한 지구라트가 발견된 곳이지요. 그곳으로 창조주 하나님께서 아브라함을 찾아오셨습니다. 보잘것없는 사람, 우상 섬기는 도시에서 사는 사람, 내세울 것이 하나도 없는데 하나님께서 찾아오셔서 손을 내미십니다.

> 여호와께서 아브람에게 이르시되 너는 너의 고향과 친척과 아버지의 집을 떠나 내가 네게 보여 줄 땅으로 가라 내가 너로 큰 민족을 이루고 네게 복을 주어 네 이름을 창대하게 하리니 너는 복이 될지라 너를 축복하는 자에게는 내가 복을 내리고 너를 저주하는 자에게는 내가 저주하리니 땅의 모든 족속이 너로 말미암아 복을 얻을 것이라 하신지라. (개역개정, 창12:1-3)

놀라운 일은 아브라함이 이 손을 잡았다는 것입니다. 그리고 말씀을 따라갑니다.

> 이에 아브람이 여호와의 말씀을 따라갔고 롯도 그와 함께 갔으며 아브람이 하란을 떠날 때에 칠십오 세였더라. (창12:4)

하나님은 이것을 믿음이라고 하십니다. 여기에 구원에 관한 하나님의 열심과 우리를 사랑하시는 하나님 사랑이 깃들어 있습니다. 다시 묵상해 보시기 바랍니다. 아브람은 75세입니다. 자녀도 없는 사람입니다. 미래가 없고, 그렇게 살다가 인생을 마감할 사람입니다. 그런데 하나님이 오셔서 말씀하십니다.

"큰 민족을 이루게 하겠다. 복을 주겠다. 이름을 창대하게 하겠다. 복이 되게 하겠다. 축복하는 자에게 복을 내리고, 저주하는 자는 내가 처리하겠다. 땅의 모든 족속이 너로 인하여 복을 얻게 하겠다." 나를 영접하겠느냐? 거절하겠느냐? 이 손을 거절하는 사람은 없을 것입니다. 아브라함은 이 손을 잡았습니다. 주님을 환영하고, 주님과 교제하였습니다. 하나님은 아브라함을 의롭다고 정하셨습니다.

'지금 여기'

1) '지금 여기'(삶의 자리)

하나님은 영원한 하나님 나라를 준비하셨습니다. 그리고 우리를 하나님 나라의 상속자가 되게 하십니다. 하나님 자녀로 사는 복을 허락하십니다. 하나님과 동행하는 복을 누리게 하십니다. 복덩어리가 되게 하십니다. 손을 내밀고 말씀하십니다. "나를 영접하고 영원한 하나님 나라에서 함께 살자."

바벨탑 사건 이후 언어가 혼잡되었습니다. 니므롯과 같은 인간 사냥꾼들이 나왔습니다. 극도로 혼란한 시대에 구원의 출발점으로 아브라함을 준비시키십니다. 아브라함을 통해 땅의 모든 족속이 복을 얻을 것이라고 말씀하십니다.

2) 성자 예수님

오늘날도 상황은 비슷합니다. 불통의 시대, 전쟁과 전염병과 기후 위기, 팽배한 개인주의 시대입니다. 이러한 역사 속에 우리가 태어났고 살아가고 있습니다. 하나님은 아브라함에게 내미셨던 구원의 손길을 동일하게 우리에게 내밀고 계십니다. 주님의 손을 잡는 순간 아브라함이 받은 복이 우리 복이 됩니다. 인생이라는 한자어에서 생(生)을 파자하면 소(牛)가 외줄(一)을 타는 것처럼 위태롭다는 말을 들은 적이 있습니다. 절벽에서 떨어지기 직전인데 예수님이 손을 내미십니다.

3) 아브라함처럼

아브라함은 믿음으로 하나님 손을 잡았습니다. 오늘 우리는 예수 그리스도의 손을 믿음으로 잡은 사람들입니다.

> 아브라함이 하나님을 믿으매 그것을 그에게 의로 정하셨다 함과 같으니라 그런즉 믿음으로 말미암은 자들은 아브라함의 자손인 줄 알지어다 또 하나님이 이방을 믿음으로 말미암아 의로 정하실 것을 성경이 미리 알고 먼저 아브라함에게 복음을 전하되 모든 이방인이 너로 말미암아 복을 받으리라 하였느니라 그러므로 믿음으로 말미암은 자는 믿음이 있는 아브라함과 함께 복을 받느니라. (개역개정, 갈3:6-9)

아브라함은 믿음의 대표자요, 샘플이요, 모델입니다. 아브라함이 어떻게 의롭다함을 얻고, 구원을 얻었습니까? 하나님을 믿은 믿음 때문이었습니다. 우리는 어떻게 의롭다함을 얻고 구원을 받는가요? 예수님을 믿는 믿음입니다.

여호수아가 모든 백성에게 이르되 이스라엘의 하나님 여호와께서 이같이 말씀하시기를 옛적에 너희의 조상들 곧 아브라함의 아버지, 나홀의 아버지 데라가 강 저쪽에 거주하여 다른 신들을 섬겼으나 내가 너희의 조상 아브라함을 강 저쪽에서 이끌어 내어 가나안 온 땅에 두루 행하게 하고 그의 씨를 번성하게 하려고 그에게 이삭을 주었으며. (개역개정, 수 24:2-3)

구원을 한마디로 표현하면 "이끌어 내어"입니다. 예수님 믿게 된 것은 영광의 하나님이 찾아오셨고, 구원의 손을 내미셨고, 이끌어 내셨기 때문입니다. 이끌고자 손을 내미시는 하나님의 손을 잡을 때 위대한 구원의 역사가 시작됩니다.

묵상을 위한 질문

1. 하나님은 전쟁을 멈추신 징조로 무지개를 주셨습니다. 평화가 시작된 것입니다. 신앙 안에서 진정한 평화를 누리고 계신가요? 평화가 없다면 그 이유가 무엇인가요?

2. 자기만의 바벨탑을 쌓고 그 안에 갇혀 사는 현대인들을 보게 됩니다. 내 목소리를 높이고 내 탑을 쌓으면 외로움만 남습니다. 그것이 형벌이지요. 나만의 바벨탑이 있다면 무엇인가요? 그것을 허물 방법은 무엇인지요?

3. 위기 속에서 하나님은 구원의 손길을 내미십니다. 우리 손을 잡으시고 구원의 자리로 이끌어 내십니다. 그 손을 절대로 놓지 않으십니다. 가장 큰 위기의 때에 주님이 내 손을 잡아 주신 경험이 있으신지요?

너희가 나를 택한 것이 아니요

내가 너희를 택하여 세웠나니

이는 너희로 가서 열매를 맺게 하고

또 너희 열매가 항상 있게 하여

내 이름으로 아버지께 무엇을 구하든지

다 받게 하려 함이라.

(개역개정, 요15:16)

05

율법과 예수님
(구원사 관점에서 본 출애굽기)

그리스도께서 오시기 전까지는 율법이 우리의 선생이었습니다. 그러나 그리스도께서 오신 뒤에는 우리가 믿음으로 인해 의롭다 함을 받을 수 있게 되었습니다. (쉬운성경, 갈3:24)

MBC에서 2003-2004년에 방영한 사극 드라마 〈대장금〉의 내용입니다. 한 상궁과 최 상궁 중, 수랏간 최고 상궁을 가리는 경합이 펼쳐집니다. 경합 방식은 3번의 대결 중 2번을 먼저 승리하는 사람이 최고 상궁이 되는 방식입니다. 첫 번째와 두 번째 경합에서 각각 한 번씩 승리와 패배를 주고받은 한 상궁과 최 상궁. 마지막 세 번째 경합의 과제는 '왕을 위한 최고의 음식을 만드는 것'입니다. 하지만, 경합을 앞두고 한 상궁은 최 상궁의 계략에 빠져 경합에 참여할 수 없게 되자 장금이가 대신 경합에 나섭니다.

장금이는 '산딸기 정과'를 준비합니다. 일반 백성들이 먹는 음식을 '왕을 위한 최고의 음식'으로 내놓았던 것입니다. 일순간에 주변의 분위기가 싸늘해졌습니다.

"아니 어느 안전이라고 이따위 요리를 최고라고 올린단 말인가?" 장금이 답합니다. "이것은 제 어머니가 돌아가실 때 마지막으로 제가 먹여드린 음식입니다. 다치신 채 아무것도 드시지 못한 어머니가 너무도 걱정스러워 산딸기를 따서 어머니가 드시지 못할까 씹어서 어머니 입에 넣어드렸습니다. 어머니께서는 저의 마지막 음식을 드시고 미소로 화답하시고 떠나셨습니다. 전하께서는 만백성의 어버이이십니다. 비록 미천한 음식을 먹고도 미소로 화답하셨던 제 어미처럼 만백성을 굽어살펴 주시옵소서! 제가 어미를 걱정하는 마음으로 전하께 이 음식을 올렸사옵니다."

중종은 이에 화답합니다. "맛있구나! 너를 두고 가셨을 어머니의 마음을 잊지 않겠다. 홀로 남아 어찌 살아갈까 노심초사했을 네 어미의 마음을 잊지 않고 정사를 펼치겠노라! 산딸기는 내게도 최고의 음식이다. 또한 너는 조선 최고의 수랏간 궁녀다!"

같은 사건에 대한 해석으로 인해 사람들은 전혀 다른 반응을 드러냅니다. 사도행전 2장에서 오순절에 성령을 받은 베드로는 설교합니다. "하나님이 구원자로 예수님을 보내셨다. 그런데 너희가 예수님을 십자가에 못 박았다."

그 설교를 들은 사람들은 "마음에 찔려 베드로와 다른 사도들에게 물어 이르되 형제들아 우리가 어찌할꼬." 탄식합니다.

사도행전 7장에서 스데반이 예수님에 대한 놀라운 설교를 하였습니다. 그런데 반응이 전혀 달랐습니다. "그들이 이 말을 듣고 마음에 찔려 그를 향하여 이를 갈거늘."

결국 스데반을 죽입니다. 사실적 인간이 있고 진실적 인간이 있습니다. 사실적 인간은 기계적 사랑(Mechanophilia)을 합니다. 모든 것을 옳고 그름으로 생각, 판단, 확신합니다. 사랑의 예수님을 만나서도 살의를 품습니다.

진실적 인간이 있습니다. 생명적 사랑(Biophilia)을 하는 사람입니다. 진실을 찾고, 마음을 찾습니다. 율법을 읽으면서도 사랑의 하나님을 찾습니다.

'그때 거기'

1) 요셉의 꿈

> 요셉은 110세에 죽었습니다. 의사들이 요셉을 장사지낼 준비
> 를 한 뒤에 이집트에서 요셉의 시체를 관에 넣었습니다. (쉬
> 운성경, 창50:26)

요셉은 꿈꾸는 사람입니다. 죽음조차도 그의 꿈을 멈추지 못합니다.
이스라엘 백성이 이집트를 탈출하여 하나님이 주신 가나안 땅에 들어갈
것을 알고 있습니다.

> 요셉이 형들에게 말했습니다. "나는 이제 죽습니다. 하지만
> 하나님께서는 여러분을 돌봐 주실 것입니다. 하나님께서는 여
> 러분을 이 땅에서 인도해 내실 것입니다. 하나님께서는 아
> 브라함과 이삭과 야곱에게 약속하셨던 땅으로 여러분을 인
> 도하실 것입니다." 그리고 나서 요셉은 이스라엘의 아들들
> 에게 약속을 하게 했습니다. "형님들이 이집트에서 나가실
> 때, 내 뼈도 옮겨 가겠다고 약속해 주십시오." (쉬운성경, 창
> 50:24-25)

과연 요셉의 꿈은 어떻게 될까요?

2) 풍요와 박해

이스라엘은 이집트 라암셋이라는 좋은 땅에 정착하여 민족을 형성하였습니다.

> 요셉이 바로의 명령대로 그의 아버지와 그의 형들에게 거주할 곳을 주되 이집트의 좋은 땅 라암셋을 그들에게 주어 소유로 삼게 하고. (개역개정, 창47:11)

평화로운 정착 생활로 인해 건강하여 생육하고 번성하라는 하나님 복이 그대로 이뤄집니다.

> 이스라엘 자손은 생육하고 불어나 번성하고 매우 강하여 온 땅에 가득하게 되었더라. (개역개정, 출1:7)

생육하고 번성하고 강해지자 이집트는 위협을 느낍니다. 설상가상 요셉을 알지 못하는 새로운 왕조가 들어섭니다.

> 그 때에 새 왕이 이집트를 다스리기 시작했습니다. 그 왕은 요셉이 누구인지를 알지 못했습니다. 그 왕이 자기 백성 이집트 사람들에게 말했습니다. "이스라엘 백성이 너무 많아

서, 그들은 우리보다도 강해졌다. 그러니 그들에 대해서 무슨 계획을 세워야 하겠다. 그렇게 하지 않으면 그들의 수가 더 늘어나게 되어 만약 전쟁이라도 일어나면, 그들은 우리들의 적과 한편이 되어서 우리와 맞서 싸운 후에 이 나라에서 떠날 것이다." 그래서 이집트 사람들은 이스라엘 백성에게 힘든 일을 시켰습니다. 그들은 이스라엘 백성을 다스릴 노예 감독들을 두었습니다. 노예 감독들은 이스라엘 백성에게 강제로 일을 시켜서, 파라오를 위해 비돔과 라암셋 성을 짓게 했습니다. 그 성은 이집트 사람들이 물건을 쌓아 둘 수 있는 창고 성이었습니다. (쉬운성경, 출1:8-11)

고난이 가중될수록 하나님의 은혜의 손길은 더욱 강하게 그들을 붙들고 있습니다.

이집트 사람들은 이스라엘 백성에게 더 힘든 일을 시켰습니다. 그래도 이스라엘 백성의 수는 더 늘어났습니다. 그러자 이집트 사람들은 이스라엘 백성을 더욱 두려워하여. (쉬운성경, 출1:12)

성경을 읽는 즐거움이 여기 있습니다. 분명 이집트는 통치하는 나라이고 이스라엘은 통치받는 나라입니다. 그런데 이집트 사람들이 이스라엘 백성을 더욱 두려워합니다. 아무리 힘들게 하여도 백성의 수는 점점 더 늘어납니다. 생의 가장 길고 고통스럽고 어두운 시간을 걸어갈 때가 있습니다. 그때야말로 하나님께서 가장 강하게 손을 붙들고 계신 시간입니다.

> 여러 해 후에 이집트 왕은 죽었고 이스라엘 자손은 고된 노
> 동으로 말미암아 탄식하며 부르짖으니 그 고된 노동으로 말
> 미암아 부르짖는 소리가 하나님께 상달된지라. (개역개정,
> 출2:23)

> 하나님이 그들의 고통 소리를 들으시고 하나님이 아브라함
> 과 이삭과 야곱에게 세운 그의 언약을 기억하사 하나님이 이
> 스라엘 자손을 돌보셨고 하나님이 그들을 기억하셨더라. (개
> 역개정, 출2:24-25)

성경을 읽을 때 반복되는 단어나 동사를 집중해서 읽으시면 유익이 있습니다. 본문에서는 동사를 유의해서 읽어 보시기 바랍니다. "들으시고, 기억하사, 돌보셨고, 기억하셨더라." 부르짖자 들으시고 구원자 모세를 준비하십니다.

3) 모세

이스라엘 백성들이 많아지는 것에 대해 이집트 왕은 위험을 느낍니다. 그래서 사내아이를 낳으면 죽이라는 무서운 명령을 내립니다. 모세는 이러한 위험한 시기에 태어났습니다. 모세의 부모가 석 달을 숨겨서 키웠지만 더 이상 숨길 수 없게 되자 갈대 상자를 만들어 나일강 가에 둡니다.

모세를 담은 갈대 상자는 노아가 만든 방주와 같은 히브리어 단어 '테바(חבה)'입니다. 갈대 상자는 키가 없고, 방향타가 없습니다. 갈대 상자 안의 아기 모세는 할 수 있는 것이 하나도 없습니다. 이상한 것은 바로의 딸이 목욕하고 싶은 그때 갈대 상자는 거기 있었다는 것입니다.

역사적 기록에 의하면 이집트 공주는 매우 충직한 인물인데 바로 왕의 명령을 외면합니다. 오히려 모성애가 발동합니다. 모세를 아들로 삼지요. 모세는 바로의 궁에서 왕자의 교육을 받습니다. 이집트 왕자는 건축, 문학, 법학을 반드시 배워야 합니다. 이러한 학문적 바탕 위에 하나님의 영에 감동된 모세는 창세기, 출애굽기, 레위기, 민수기, 신명기를 기록합니다. 가장 큰 어려움도 하나님의 구원의 손길을 덮을 수는 없습니다.

4) 출애굽

모세가 준비되자 하나님은 이집트에서 나갈 것을 명하십니다. 출애굽기 12장에는 두 가지 중요한 말씀이 나옵니다. 유월절 양과 여호와의 밤입니다. 가정마다 어린 양을 준비하라고 하십니다. 14일 저녁에 어린 양을 잡아 피를 문설주와 인방에 바르라고 하십니다. 문설주와 인방은 문틀의 옆과 위를 말씀합니다.

> 이 달 열나흗날까지 간직하였다가 해 질 때에 이스라엘 회중
> 이 그 양을 잡고 그 피를 양을 먹을 집 좌우 문설주와 인방에
> 바르고. (개역개정, 출12:6-7)

그날 밤 고기를 구워 먹되 길 떠날 사람처럼 옷을 다 입고 신발도 신고 손에는 지팡이를 든 채 서둘러 음식을 먹으라고 하십니다. 이것이 여호와의 유월절입니다.

> 너희는 그것을 이렇게 먹을지니 허리에 띠를 띠고 발에 신을 신고 손에 지팡이를 잡고 급히 먹으라. 이것이 여호와의 유월절이니라. (개역개정, 출12:11)

길 떠날 채비를 모두 마친 후 급히 먹으라고 하십니다. 하나님의 심판과 구원의 급박함이 배어있는 말씀입니다. 구원은 미룰 수 있는 것이 아닙니다. 심판이 밀려오는 만큼 구원의 시간도 밀려갑니다.

예수님을 믿는 일에 있어서 내일은 없습니다. 지금 믿고 지금 따라야 하는 일이지요. 유월절 양의 피가 없는 집마다 재앙이 임합니다. 양의 피가 있는 집은 안전하게 보호를 받습니다.

> 내가 그 밤에 이집트 땅에 두루 다니며 사람이나 짐승을 막론하고 이집트 땅에 있는 모든 처음 난 것을 다 치고 이집트의 모든 신을 내가 심판하리라 나는 여호와라 내가 이집트 땅을 칠 때에 그 피가 너희가 사는 집에 있어서 너희를 위하여 표적이 될지라. 내가 피를 볼 때에 너희를 넘어가리니 재앙이 너희에게 내려 멸하지 아니하리라. (개역개정, 출12:12-13)

사람들은 반신반의했을 것입니다. 미신이라고 여기는 사람도 있었을 것입니다. 그러나 이 말씀을 지킨 사람과 거절한 사람의 결과는 삶과 죽음이었습니다.

> 밤중에 여호와께서 이집트 땅에서 모든 처음 난 것 곧 왕위에 앉은 바로의 장자로부터 옥에 갇힌 사람의 장자까지와 가축의 처음 난 것을 다 치시매 그 밤에 바로와 그 모든 신하와 모든 이집트 사람이 일어나고 이집트에 큰 부르짖음이 있었으니 이는 그 나라에 죽임을 당하지 아니한 집이 하나도 없었음이었더라. (개역개정, 출12:29-30)

유월절에 잡은 양은 예수님을 상징합니다.

> 우리의 유월절 양 곧 그리스도께서 희생되셨느니라. (개역개정, 고전5:7)

양이 죽은 곳에는 생명이 있었습니다. 양의 피가 없는 곳에는 죽음만이 가득합니다. 예수님 십자가 보혈이 흐르는 곳에는 생명이 충만합니다. 예수님을 거절하고 부인하는 자에게는 영원한 죽음만이 자리 잡고 있습니다. 여호와의 유월절은 예수님을 영접하고 영생을 얻으라고 다급히 소리치고 있습니다.

'유월절 양'과 함께 중요한 말씀이 '여호와의 밤'입니다. 430년이 끝나는 그날에 이들은 모두 이집트를 나오게 됩니다. 하나님은 그 밤을 여호와의 밤이라고 말씀합니다. 여호와의 밤은 심판의 밤인 동시에 구원의 밤입니다. 구분 점은 양의 피가 있는 사람과 없는 사람입니다.

양의 피가 가정에 흐르는 사람에게는 구원의 밤이지만 하나님 말씀을 거절하고 양의 피가 흐르지 않은 가정은 심판의 밤을 맞이한 것입니다.

인생은 누구나 여호와의 밤을 맞이하게 됩니다. 개인적으로 이 세상의 삶이 마감되는 그날이 여호와의 밤입니다. 우주적으로는 예수님께서 재림하시는 그날이 여호와의 밤입니다. 그 밤을 준비하며 살라고 성경은 우리에게 말씀하고 있습니다.

> 이스라엘 자손이 이집트에 거주한 지 사백삼십 년이라 사백 삼십 년이 끝나는 그 날에 여호와의 군대가 다 이집트 땅에서 나왔은즉 이 밤은 그들을 이집트 땅에서 인도하여 내심으로 말미암아 여호와 앞에 지킬 것이니 이는 여호와의 밤이라 이스라엘 자손이 다 대대로 지킬 것이니라. (개역개정, 출 12:40-42)

이스라엘 백성들은 종살이를 끝내고 430년 만에 이집트를 나오게 됩니다. 이때 이들을 향해 하나님은 '여호와의 군대'라고 부르십니다. 요셉의 유언대로 유골을 가지고 나옵니다. 하나님 나라를 꿈꾸며 산 요셉의 꿈이 이뤄지는 순간입니다.

> 그러므로 하나님이 홍해의 광야 길로 돌려 백성을 인도하시매 이스라엘 자손이 이집트 땅에서 대열을 지어 나올 때에 모세가 요셉의 유골을 가졌으니 이는 요셉이 이스라엘 자손

으로 단단히 맹세하게 하여 이르기를 하나님이 반드시 너희를 찾아오시리니 너희는 내 유골을 여기서 가지고 나가라 하였음이더라. (개역개정, 출13:18-19)

유월절 양을 통해 이스라엘 백성들은 구원을 받았습니다. 유월절 양은 예수님에 대한 모형입니다. 우리는 예수님을 믿는 믿음 안에서 구원을 받았습니다. 그리고 이제 예수님과 동행하는 삶을 시작합니다. 동행의 예표로 성막을 허락하십니다. 성막은 하나님과 함께 사는 집입니다.

5) 성막

하나님은 시내 산에서 이스라엘 백성들과 언약을 체결하십니다. 종으로 살던 삶의 자리에서 하나님 방식의 삶을 시작해야 했던 것입니다.

두려움 가운데 계명이 주어집니다.

너는 백성을 위하여 주위에 경계를 정하고 이르기를 너희는 삼가 산에 오르거나 그 경계를 침범하지 말지니 산을 침범하는 자는 반드시 죽임을 당할 것이라 그런 자에게는 손을 대지 말고 돌로 쳐 죽이거나 화살로 쏘아 죽여야 하리니 짐승이나 사람을 막론하고 살아남지 못하리라 하고 나팔을 길게 불거든 산 앞에 이를 것이니라 하라. (개역개정, 출19:12-13)

율법이 주어지는 산을 침범하면 반드시 죽임을 당합니다. 율법을 범하는 자는 죽임을 당한다는 강한 의지가 들어 있습니다. 그럼에도 인간의 죄성은 율법을 완전히 지킬 수 없습니다. 하나님께서는 죄를 처리하는 곳을 만드십니다. 그것이 성막입니다.

> 무릇 내가 네게 보이는 모양대로 장막을 짓고 기구들도 그 모양을 따라 지을지니라. (개역개정, 출25:9)

성막은 장막 또는 회막이라고 부릅니다. 하나님이 임재하시는 곳이기에 성막입니다. 백성을 만나 주시는 곳이기에 회막입니다. 성소와 지성소로 구분됩니다. 지성소에는 언약궤가 있고, 언약궤 위를 속죄소(贖罪所) 또는 시은좌(施恩座)라고 불렀습니다. 죄를 용서하시는 곳입니다. 은혜를 베푸는 자리입니다.

범죄에도 불구하고 장막에서 하나님을 만나고, 하나님께 용서를 구하는 자리가 성막입니다. 이 성막은 또한 예수님 모형, 예수님 그림자입니다. 요한복음 1장입니다.

> 말씀이 육신이 되어 우리 가운데 거하시매 우리가 그의 영광을 보니 아버지의 독생자의 영광이요 은혜와 진리가 충만하더라. (개역개정, 요1:14)

말씀은 예수님이십니다. 우리 가운데 거하신다고 하십니다. '거하신다'라는 말씀은 헬라어 '에스케노센'(eskēnōsen)입니다. '장막을 치다'라는 의미입니다. 하나님께서 이스라엘 가운데 계신 것입니다. 하나님이 이스라엘 민족 가운데 장막을 치고 계시는 것처럼 예수님께서 말씀이 육신이 되어 우리 가운데 거하신다는 것을 말씀하고 있습니다. '우리가 그의 영광을 보니'라고 말씀하십니다. '영광'은 하나님이 성막에 임재하시는 것을 암시합니다.

은혜와 진리가 충만하신 예수님은 육신을 입고 우리에게 오셨습니다. 하나님께서 성막에서 사람들을 만나시고, 그들의 죄를 용서하셨듯이 예수님은 우리에게 오셔서 만나 주시고, 십자가의 피로 모든 죄를 용서하셨습니다.

> 그러므로 율법을 지키는 것으로 하나님 앞에서 의롭다고 인정받을 사람은 아무도 없습니다. 왜냐하면 율법은 우리가 죄인이라는 사실을 알게 해 주기 때문입니다. 그러나 이제는 율법 없이도 하나님께로부터 오는 의가 나타났습니다. 이것은 율법과 예언자들도 증언한 것입니다. 하나님께로부터 오는 의는 예수 그리스도를 믿는 믿음을 통해 옵니다. 이 의는 믿는 사람이라면 누구에게나 주어지는 것이며, 사람을 차별하지 않습니다. (쉬운성경, 롬3:20-22)

은혜와 진리가 충만한 분, 죄를 용서하시는 분 예수님입니다. 성막은 예수님 그림자입니다.

'지금 여기'

1) 적용하기 '지금 여기'(삶의 자리)

율법은 부정적인 기능과 긍정적인 역할을 합니다. 율법의 부정적인 기능입니다.

> 무릇 율법 행위에 속한 자들은 저주 아래에 있나니 기록된바 누구든지 율법 책에 기록된 대로 모든 일을 항상 행하지 아니하는 자는 저주 아래에 있는 자라 하였음이라. (개역개정, 갈3:10)

갈라디아서 3장 10-14절의 주제는 율법의 저주입니다. 율법의 행위를 따를 수 있는 사람은 아무도 없습니다. 그런 율법이 하나님 은혜 안에서 긍정적인 역할을 합니다. 예수님께로 인도하는 역할입니다.

> 이같이 율법이 우리를 그리스도께로 인도하는 초등교사가 되어 우리로 하여금 믿음으로 말미암아 의롭다함을 얻게 하려 함이라. (개역개정, 갈3:24)

하나님은 율법과 성막을 동시에 주셨습니다. 율법을 통해 죄가 무엇인지를 정확하게 인지하게 됩니다. 자신이 죄인임을 확인하게 됩니다. 동시에 성막에서 제사함으로 죄 사함을 받습니다.

성막은 예수님의 그림자이며, 예수님은 율법의 완성자이십니다. 예수님 안에서 죄 사함을 얻고 여호와의 밤을 심판이 아닌 구원의 밤으로 보냅니다.

2) 요셉처럼

하나님께서 준비하신 요셉 한 사람으로 인하여 야곱 가족이 살고, 이집트와 인근 나라들이 살았습니다. 직면한 역사 속에 사람을 살린 요셉이지만 개인적으로는 가나안 땅을 죽을 때까지 꿈꾸며 살았습니다.

3) 모세처럼

갈대 상자(테바)에 실린 모세이지만 하나님 계획 속에 있었습니다. 우리 인생을 돌이켜 보면 갈대상자 속 모세처럼 위기의 시간도 있었습니다. 그러나 돌이켜 보면 그 상황에도 하나님은 여전히 우리를 향한 계획을 가지고 계십니다.

❧ 묵상을 위한 질문 ❧

1. 요셉이 형들에 의해 이집트 종으로 팔려 가고, 이집트 총리가 되고, 식량난을 해결하고, 가족이 모두 이집트에 정착하여 민족을 이루는 모든 사건은 구원의 역사를 써 나가시는 하나님의 섭리와 경륜 속에 있었습니다. 요셉은 우리에게 영생을 주시는 예수님의 그림자입니다. 당신에게 일어난 사건들은 어떤 영적 의미를 가지고 있습니까?

2. 하나님께서는 태어나자마자 죽을 수밖에 없는 운명이었던 모세를 들어 이스라엘 민족을 출애굽시키는 일에 사용하십니다. 당신의 삶 속에 가장 큰 위기는 무엇이었는지요? 그 위기를 통해 하나님이 하신 일은 무엇인가요?

3. 율법을 주신 하나님은 동시에 성막을 주심으로 죄와 저주에서 풀어 주셨습니다. 성막은 예수님을 예표합니다. 죄와 저주에서 자유함을 주시는 예수님을 믿는 신앙고백이 있으십니까?

06

선지자들과 예수님

(구원사 관점에서 본 선지서)

선생들이여 내가 어떻게 하여야 구원을 받으리이까 하거늘
이르되 주 예수를 믿으라 그리하면 너와 네 집이 구원을 받
으리라. (개역개정, 행16:30-31)

82세의 노인이 52세 된 아들과 거실에 마주 앉아 있었는데 까마귀 한 마리가 창가의 나무에 날아와 앉았습니다. 노인이 아들에게 물었습니다. "저게 뭐냐?" 아들은 다정하게 알려 줍니다. "까마귀예요. 아버지." 아버지는 잠시 후 다시 물었습니다. "저게 뭐냐?" 아들은 다시, "까마귀라니까요." 노인은 조금 뒤 또 물었습니다. 세 번째였습니다. "저게 뭐냐?" 아들은 짜증이 났습니다. "글쎄 까마귀라구요." 아들의 음성엔 아버지가 느낄 만큼 짜증이 섞여 있었습니다. 조금 뒤 아버지는 다시 물었습니다. 네 번째였습니다. "저게 뭐냐?" 아들은 그만 화가 나서 큰 소리로 외쳤습니다. "까마귀, 까마귀라구요. 그 말도 이해가 안 돼요. 왜 자꾸만 같은 질문을 반복하세요?"

어느 날 아들은 아버지의 때가 묻고 찢어진 일기장을 보았습니다. 거기엔 자기가 처음 말을 배운 아기였을 때의 이야기가 적혀 있었습니다.

오늘은 까마귀 한마리가 창가에 날아와 앉았다. 어린 아들은 "아빠, 저게 뭐야?" 하고 물었다. 나는 까마귀라고 대답했다. 그런데 아들은 또 묻고, 또 물었다. 연거푸 23번을 똑같이 물었다. 나는 까마귀라고 똑같은 대답을 23번을 하면서도 즐거웠다. 아들이 새로운 것에 관심이 있다는 거에 대해 감사했고 아들에게 사랑을 준다는 게 즐거웠다.

영화 〈작은 신의 아이들〉에 나오는 대사입니다.

"그거 알아? 파도는 하루에 75만 번이나 해안을 때린다는 걸…"

성경의 모든 부분은 하나님께서 우리를 얼마나 사랑하시는지 말씀하고 있습니다. 끊임없이 사랑하고, 영원히 사랑하십니다. 23번을 물어도, 하루에 75만 번을 다가오는 파도처럼 멈추지 않고 사랑하십니다. 선지서에 나타난 하나님 사랑을 확인해 보세요.

'그때 거기'

1) 이사야서에 나타난 구원사

(1) 이사야서를 통한 구원사

북이스라엘은 여로보암을 포함 19명의 왕이 다스렸습니다. 불행하게도 하나님 앞에서 선한 왕은 하나도 없었습니다. B.C. 722년, 앗수르에 의해 멸망하였습니다.

남유다는 르호보암을 시작으로 20명의 왕이 통치하다 B.C. 586년, 바벨론에게 망하게 됩니다. 유다의 뛰어난 왕 중 웃시야 왕이 있습니다. 유다를 최강대국으로 만들었습니다. 블레셋을 식민지화하고, 영토를 확장하였습니다.

그러나 내부적으로는 부패하였습니다. 빈부격차, 정의와 공평은 사라지고, 뇌물로 재판이 이뤄졌습니다. 막중한 군사비가 지출되고 관리들의 횡포는 극에 달하였습니다.

스스로 교만해진 왕은 여호와의 단에 향을 피우는 제사장 역할까지 하려다가 문둥병이 걸리고, 별궁에 격리되어 생활하던 중 죽었습니다. 웃시야의 죽음과 동시에 위대한 예언자 이사야가 소명을 받았습니다.

내가 또 주의 목소리를 들으니 주께서 이르시되 내가 누구를

보내며 누가 우리를 위하여 갈꼬 하시니 그 때에 내가 이르
되 내가 여기 있나이다 나를 보내소서 하였더니. (개역개정,
사6:8)

그다음 대화가 이해하기 어렵습니다.

여호와께서 이르시되 가서 이 백성에게 이르기를 너희가 듣
기는 들어도 깨닫지 못할 것이요 보기는 보아도 알지 못하리
라 하여. (개역개정, 사6:9)

가서 전해도 이 백성은 돌이키지 않는다고 하십니다. "언제 돌이키게
되는지요?"라고 묻자 "다 망해도 돌이키지 않을 것이다."라고 말씀하십니
다. "그러면 망하는 것입니까?"라는 이사야의 질문에 하나님께서는 '그루
터기'를 말씀하십니다.

그 중에 십분의 일이 아직 남아 있을지라도 이것도 황폐하게
될 것이나 밤나무와 상수리나무가 베임을 당하여도 그 그루
터기는 남아 있는 것같이 거룩한 씨가 이 땅의 그루터기니라
하시더라. (개역개정, 사6:13)

모든 것이 불타고 그루터기만 남아 있습니다. 그 그루터기에서 거룩한
씨가 나옵니다. 희망을 말씀하고 있습니다.

(2) 임마누엘 표적

웃시야 왕의 뒤를 이은 아하스 왕은 유다가 멸망될까 노심초사합니다. 하나님께서는 이사야를 통해 망하지 않는다고 말씀하시지만 믿지 못합니다. 무능하며 율법을 범하고, 이방 신을 섬긴 왕입니다. 심지어 자기 아들을 몰렉 신에게 바치려고 불 가운데로 지나가게 합니다.

> 아하스가 왕이 될 때에 나이가 이십 세라 예루살렘에서 십육 년간 다스렸으나 그의 조상 다윗과 같지 아니하여 그의 하나님 여호와께서 보시기에 정직히 행하지 아니하고 이스라엘의 여러 왕의 길로 행하며 또 여호와께서 이스라엘 자손 앞에서 쫓아내신 이방 사람의 가증한 일을 따라 자기 아들을 불 가운데로 지나가게 하며. (개역개정, 왕하16:2-3)

믿지 못하고 불신하는 아하스 왕에서 하나님은 이사야 선지자를 통해 징조를 주십니다.

> 그러므로 주께서 친히 징조를 너희에게 주실 것이라 보라 처녀가 잉태하여 아들을 낳을 것이요 그의 이름을 임마누엘이라 하리라. (개역개정, 사7:14)

처녀는 누구인지 정확하게 말씀하고 있지 않습니다. 다만 그 처녀가 아이를 낳을 것이며 그를 '임마누엘'이라고 부를 것이라고 말씀하고 있습니다. 이사야서는 앗수르 대군이 쳐들어오는데 메시야(구원자)로 어린아이를 등장시킵니다.

그 아이의 별명은 '임마누엘'입니다. 하나님께서 함께 하신다는 말씀이지요. 가장 캄캄한 시대에 하나님은 임마누엘의 약속을 주신 것입니다. 이 약속은 700년 후에 오시는 예수님을 통해 성취됩니다.

(3) 마헬살랄하스바스 표적

이러한 모든 말씀에도 아하스 왕은 끝까지 하나님을 불신합니다. 하나님께서 이사야에게 다시 말씀하십니다.

> 여호와께서 내게 이르시되 너는 큰 서판을 가지고 그 위에
> 통용 문자로 마헬살랄하스바스라 쓰라. (개역개정, 사8:1)

이사야가 아들을 낳자 하나님께서는 그 아들 이름을 '마헬살랄하스바스'라고 하라는 것입니다. 자녀가 태어나면 부모는 좋은 이름을 지어 주고자 합니다. 그런데 이 이름은 좋은 의미가 아닙니다. '노략이 빠름, 급속한 약탈'의 의미를 가지고 있습니다.

머지않아 앗수르 제국이 수리아(다메섹)와 북이스라엘(사마리아)을 멸망시킬 것이라는 예언이 함축된 이름입니다. 나라가 완전히 망해서 모든 것이 빼앗길 것이라는 예언입니다. 동사로 완료태입니다. 반드시 이뤄질 일이란 뜻이지요.

실제로 다메섹은 B.C. 732년경, 사마리아는 B.C. 722년경 앗수르에

패망하였습니다. 아이가 태어난 지 3년이 못 되어 예언이 현실이 된 것입니다. 그러나 하나님의 역사는 끝나지 않았습니다. 하나님은 절망과 심판 가운데서 소망을 말씀하시고 구원을 이루십니다.

이사야의 맏아들 이름이 '스알야숩'입니다. '남은 자가 돌아오리라'는 의미입니다. 유다 백성이 바벨론 포로에서 반드시 돌아오리라는 회복의 메시지를 담았지요. 이사야서를 통한 하나님의 구원사는 우리에게 이름을 통하여 말씀하고 있습니다.

'마헬살랄하스바스', 다 빼앗길 것입니다. 다 노략당할 것입니다. 그러나 하나님의 구원 손길은 끊어지지 않습니다. '임마누엘', 하나님이 함께하신다. 어떤 상황에서도 하나님께서 함께하심으로 구원하신다는 것입니다. '스알야숩', 남은 자가 돌아오리라. 신앙 위에 서 있는 자들을 반드시 구원하시겠다는 것입니다.

(4) 그루터기

모든 것이 불타도 그루터기는 남아 있습니다. 극심한 환란과 박해 속에서도 하나님은 택하신 백성을 보호하시고 구원하십니다. 주의해야 할 것이 있습니다. 세상에는 두 종류의 그루터기가 있다는 것입니다.

영원히 멸망하지 않고 회복되는 '남은 자' 그루터기가 있습니다(사 6:13). 반면 잠시 후면 불에 타서 사라지는 그루터기도 있다는 것입니다.

> 이로 말미암아 불꽃이 그루터기를 삼킴 같이, 마른 풀이 불
> 속에 떨어짐 같이 그들의 뿌리가 썩겠고 꽃이 티끌처럼 날리

리니 그들이 만군의 여호와의 율법을 버리며 이스라엘의 거
룩하신 이의 말씀을 멸시하였음이라. (개역개정, 사5:24)

불에 타서 사라지는 그루터기는 선악을 알게 하는 열매를 먹은 사람처
럼 스스로 선악을 결정짓는 자들입니다.

오호라, 악한 것을 선하다고 하고, 선한 것을 악하다고 하는
사람에게 재앙이 닥친다. 어둠을 빛이라 하고 빛을 어둠이라
하는 사람, 쓴 것을 달다고 하고 단 것을 쓰다고 하는 사람에
게 재앙이 닥친다. 오호라, 스스로 지혜롭다고 하고, 스스로
똑똑하다고 하는 사람에게 재앙이 닥친다. 포도주를 마시는
데 익숙하며, 온갖 술을 섞어 마시는 데 능한 사람에게 재앙
이 닥친다. 그들은 뇌물을 받고 악인을 의롭다 하며, 의로운
사람을 공평하게 재판하지 않는다. (개역개정, 사5:20-23)

불에 타서 사라지는 그루터기는 자신의 힘을 의지하고 타인을 억압하
며 폭압으로 사람을 죽이는 자들입니다.

그에게 이르기를 너는 삼가며 조용하라 르신과 아람과 르말
리야의 아들이 심히 노할지라도 이들은 연기 나는 두 부지
깽이 그루터기에 불과하니 두려워하지 말며 낙심하지 말라.
(개역개정, 사7:4)

겉으로 보기에는 똑같은 그루터기입니다. 그러나 한 그루터기는 불살라지기 위해 있고, 다른 그루터기는 회복과 구원을 위해 있습니다. 회복과 구원의 그루터기는 '임마누엘', 하나님이 함께하시는 그루터기입니다. 이 말씀은 예수님께서 이 땅에 오심으로 성취되었습니다.

> 보라 처녀가 잉태하여 아들을 낳을 것이요 그의 이름은 임마
> 누엘이라 하리라 하셨으니 이를 번역한즉 하나님이 우리와
> 함께 계시다 함이라. (개역개정, 마1:23)

예수님은 이사야서에서 예언되신 구원자이십니다. '마헬살랄하스바스'처럼 노략질당하고, 망한 우리 인생에 '임마누엘'로 찾아오십니다. '스알야숩'처럼 하나님에게로 돌아오게 하십니다. 구원을 위하여 스스로 강도 만난 분처럼 십자가 지셔서 구원의 길을 여셨습니다. 누구든지 예수님 믿으면 멸망하지 않고 영생을 얻는 길을 열어 놓으신 것입니다.

이사야서는 이름을 통해 간명하게 말씀하십니다. '마헬살랄하스바스' 같은 인생이지만 '임마누엘'이신 예수님으로 말미암아 '스알야숩'하리라.

2) 미가서에 나타난 구원사

(1) 심판

미가 선지자는 B.C. 740-715년경 활동하였으며 남 유다와 북 이스라엘 심판을 예언하였습니다. 심판의 원인은 우상숭배였습니다.

이 모든 것은 이스라엘의 죄와 야곱의 허물 때문이다. 이스라엘이 저지른 죄의 책임이 누구에게 있느냐? 사마리아가 아니냐? 유다가 우상들을 섬긴 책임이 누구에게 있느냐? 예루살렘이 아니냐? (개역개정, 미1:5)

하나님은 심판을 선포하십니다.

"그러므로 내가 사마리아를 들판의 쓰레기로 만들어서 포도나무를 심을 만한 곳으로 삼겠다. 사마리아의 돌들을 그 골짜기로 쏟아 붓고 성의 기초까지 완전히 무너뜨리겠다. 사마리아의 모든 우상은 박살날 것이며 그 우상에게 바친 선물은 불타 버릴 것이다. 내가 그 모든 우상을 없애 버리겠다. 사마리아가 몸을 팔아서 벌었으므로 그 돈이 다시 창녀의 몸값으로 나갈 것이다." (쉬운성경, 미1:6-77)

(2) 구원

성경을 읽으면서 하나님 마음을 잘 살펴보시기 바랍니다. 정말로 심판하시고자 하면 경고가 필요 없습니다. 이미 범죄 했으니 즉시 심판해서도 할 말이 없습니다. 그런데 하나님은 심판하시겠다고 계속 경고하십니다. 돌이키고 돌아오라는 말씀입니다.

문제는 돌이키고 돌아가려고 해도 우리의 죄성과 악한 마음은 돌아갈 생각도 없고, 방법도 없다는 것입니다. 하나님은 돌아갈 방법과 돌이킬 마음을 만들어 주십니다. 그 시작점이 베들레헴입니다.

> 딸 군대여 너는 떼를 모을지어다 그들이 우리를 에워쌌으니
> 막대기로 이스라엘 재판자의 뺨을 치리로다. (개역개정, 미5:1)

앗수르 군대가 예루살렘을 포위한 최악의 상황입니다. 유다 백성들은 군대를 모집하지만 앗수르 군대에 비하면 너무나 초라합니다. 앗수르 군대의 막대기가 이스라엘 왕의 뺨을 치는 모욕을 받게 됩니다.

예루살렘이 무너지는데 그곳에서 남쪽으로 8km 떨어진 곳에 베들레헴이 있습니다. 아무도 주목하지 않는 작은 촌락입니다. 중요하지 않은 마을입니다. 하나님의 역사는 뜻밖의 현장에서 일어납니다. 앗수르 대군이 쳐들어왔을 때 미가는 아무도 주목하지 않는 베들레헴을 등장시킵니다. 그곳에서 '구원자'가 나실 것이며 '남은 자'들을 평화로 통치하실 것을 예언하고 있습니다.

> 베들레헴 에브라다야 너는 유다 족속 중에 작을지라도 이스
> 라엘을 다스릴 자가 네게서 내게로 나올 것이라 그의 근본은
> 상고에, 영원에 있느니라 그러므로 여인이 해산하기까지 그
> 들을 붙여 두시겠고 그 후에는 그의 형제 가운데에 남은 자
> 가 이스라엘 자손에게로 돌아오리니 그가 여호와의 능력과
> 그의 하나님 여호와의 이름의 위엄을 의지하고 서서 목축하
> 니 그들이 거주할 것이라 이제 그가 창대하여 땅끝까지 미치
> 리라. (개역개정, 미5:2-4)

'에브라다'는 지역의 의미를 가집니다. '에브라다' 지역의 '베들레헴' 마을을 지칭합니다. 미가 5장 3절 '여인'은 미가 4장 10절의 시온을 말씀합니다. 여인이 해산할 분은 미가 5장 2절의 메시야입니다. 궁극적으로 베들레헴에서 탄생하시는 예수님을 말씀합니다.

> 왕이 모든 대제사장과 백성의 서기관들을 모아 그리스도가 어디서 나겠느냐 물으니 이르되 유대 베들레헴이오니 이는 선지자로 이렇게 기록된 바 또 유대 땅 베들레헴아 너는 유대 고을 중에서 가장 작지 아니하도다 네게서 한 다스리는 자가 나와서 내 백성 이스라엘의 목자가 되리라 하였음이니이다. (개역개정, 마2:4-6)

돌이켜야 하지만, 돌아가야 하지만 능력도 방법도 없는 사람들에게 예수님이 오십니다. 구원의 길을 여시고 우리 마음을 여시고 찾아오십니다. 국가 존망이 풍전등화 같은 시대에 미가의 시선은 700년 후에 오실 예수님에게 향하고 있습니다. 진정한 구원자, 평화의 왕이신 예수님을 바라보고 있습니다. 우리 시선도 예수님께 머물러 있으라고 웅변합니다.

3) 말라기서에 나타난 구원사

(1) 심판

말라기의 연대에 관하여는 B.C. 500년에서 400년 사이로 다양하게 주장됩니다. 중요한 것은 이스라엘의 타락입니다.

> 내 이름을 멸시하는 제사장들아 나 만군의 여호와가 너희에
> 게 이르기를 아들은 그 아버지를, 종은 그 주인을 공경하나
> 니 내가 아버지일진대 나를 공경함이 어디 있느냐 내가 주인
> 일진대 나를 두려워함이 어디 있느냐 하나 너희는 이르기를
> 우리가 어떻게 주의 이름을 멸시하였나이까 하는도다. (개역
> 개정, 말1:6)

더러운 떡을 제단에 올립니다. 병든 제물을 하나님께 드립니다. 하나님의 이름을 더럽힙니다. 하나님은 분노하십니다.

> 보라 내가 너희의 자손을 꾸짖을 것이요 똥 곧 너희 절기의
> 희생의 똥을 너희 얼굴에 바를 것이라 너희가 그것과 함께
> 제하여 버림을 당하리라. (개역개정, 말2:2)

(2) 구원

분노하시는 하나님이시지만 동시에 구원의 길을 열어 주십니다. 엘리야가 와서 구원자 되시는 메시야의 길을 열겠다는 것입니다.

> 만군의 여호와가 이르노라 보라 내가 내 사자를 보내리니 그
> 가 내 앞에서 길을 준비할 것이요 또 너희가 구하는 바 주가

갑자기 그의 성전에 임하시리니 곧 너희가 사모 하는 바 언약의 사자가 임하실 것이라. (개역개정, 말3:1)

보라 여호와의 크고 두려운 날이 이르기 전에 내가 선지자 엘리야를 너희에게 보내리니. (개역개정, 말4:5)

말라기에서 예언된 엘리야는 신약 성경의 세례요한을 의미합니다.

기록된 바 보라 내가 내 사자를 네 앞에 보내노니 그가 네 앞에서 네 길을 준비하리라 한 것이 이 사람에 대한 말씀이라. (개역개정, 눅7:27)

세례요한은 광야에서 외치는 자의 소리가 되었습니다. 유대인 생각에 선지자는 광야에서 와야 한다고 생각합니다. 이집트에서 탈출하여 하나님과 광야 40년을 동행하였기 때문입니다. 광야에서 온 하나님 사람 세례요한을 수많은 사람이 따랐습니다. 그리고 그 절정의 시간에 요한은 고백합니다.

"나보다 더 강하신 분이 내 뒤에 오신다. 나는 그분 앞에 꿇어앉아 그분의 신발 끈을 풀기에도 부족하다. 나는 너희에게 물로 세례를 주지만 그분은 너희에게 성령으로 세례를 베푸실 것이다." (개역개정, 마1:7)

세례요한이 신발 끈을 풀기에도 부족한 분, 성령으로 세례를 베푸시는 분, 영원한 구원자이신 예수님이십니다. 말라기서는 이렇게 끝을 맺습니다.

> 보라 여호와의 크고 두려운 날이 이르기 전에 내가 선지자
> 엘리야를 너희에게 보내리니 그가 아버지의 마음을 자녀에
> 게로 돌이키게 하고 자녀들의 마음을 그들의 아버지에게로
> 돌이키게 하리라 돌이키지 아니하면 두렵건대 내가 와서 저
> 주로 그 땅을 칠까 하노라 하시니라. (개역개정, 말4:5-6)

말라기 4장 6절의 '아버지'는 단수가 아닌 복수로 쓰였기에 '하나님 아버지'가 아닌 '포로 후기 백성들의 아버지' 또는 '그들의 조상들'로 해석합니다. 포로 후기 백성들은 그들의 조상들을 따르는 삶을 살지 않았습니다. 조상들의 언약을 오히려 욕되게 하였습니다.

> 만군의 여호와가 이르노라 너희 조상들의 날로부터 너희가
> 나의 규례를 떠나 지키지 아니하였도다 그런즉 내게로 돌아
> 오라 그리하면 나도 너희에게로 돌아가리라 하였더니 너희
> 가 이르기를 우리가 어떻게 하여야 돌아가리이까 하는도다.
> (개역개정, 말3:7)

하나님은 돌이키고 돌아오라고 하십니다. 돌이키지 않으면 심판하시겠다고 하십니다.

'지금 여기'

1) '지금 여기'(삶의 자리)

사도행전 16장에는 사도 바울이 빌립보 지역에서 복음을 전하다가 옥에 갇히는 일이 기록되어 있습니다. 한밤중에 바울과 실라가 기도하고 하나님을 찬송할 때 큰 지진이 나며 문이 다 열리고 매인 것이 다 벗어졌습니다. 간수가 자다가 깨어 엎드리고 구원의 길을 묻습니다.

> 선생들이여 내가 어떻게 하여야 구원을 받으리이까 하거늘
> 이르되 주 예수를 믿으라 그리하면 너와 네 집이 구원을 받
> 으리라 하고 주의 말씀을 그 사람과 그 집에 있는 모든 사람
> 에게 전하더라. (개역개정, 행16:30-32)

심판과 구원은 동전의 양면과 같다고 말씀드렸습니다. 말라기 선지자는 여호와의 크고 두려운 날을 예언하고 있습니다. 크고 두려운 날에 심판대에 서는 사람이 있습니다. 동시에 영원한 하나님 나라에 서는 사람이 있습니다. 심판과 구원의 중심에는 오직 예수님이 계십니다.

2) 그루터기

두 종류의 그루터기가 있습니다. 불타 없어질 그루터기와 소망과 영생으로 들어가는 그루터기입니다. 당신은 불타 없어질 그루터기가 아닙니다. 예수님 안에서 희망과 미래를 세워 가는 그루터기입니다.

묵상을 위한 질문

1. 최악의 시간에 미가의 시선은 구원을 베푸시는 전능자에게 고정되어 있습니다. 당신은 무엇을 바라보며 살고 있나요?

2. 말라기 선지자는 돌이키라고 외치고 있습니다. 당신의 삶 속에서 하나님을 떠난 모든 부분을 찾아 기록해 보세요.

07

신구약 중간기
(구원사 관점에서 본 중간기 역사)

어리석은 자는 그의 마음에 이르기를 하나님이 없다 하도다.

(개역개정, 시53:1)

2021년 12월 25일 제임스웹 망원경이 우주에 발사되었습니다. 12조 원이 투자되었고, 30년 이상 개발 기간을 거쳤습니다. 제임스웹 망원경은 46억 광년 떨어진 SMACS 0273 은하단 사진을 보내왔습니다. 태양보다 839조 배 무겁다고 합니다. 우주는 넓고 광활합니다. 우주의 크기가 최소 935억 광년 된다고 합니다.

제 친구 중 카이스트 물리학 박사이며 구약학자인 민유홍 목사의 말에 의하면 이 우주가 이렇게 큰 것은 지구를 가장 사람이 살기 좋은 상태로 만들기 위해서인 것 같다고 합니다. 빅뱅이 점 하나로 시작되어 폭발할 때 그 속에 이미 지구와 우주의 형태가 있었을 것이라고도 말합니다. 물리학 박사인 그가 구약학 박사가 되고 목회를 하게 된 것은 이 모든 것을 만드신 분이 하나님이 너무나 분명하기 때문이라고 신앙을 고백합니다.

우주를 만드시고, 우리를 지으신 분은 전능하신 하나님이십니다. 우리는 지구라는 우주선을 타고 우주를 달리고 있습니다. 온 우주의 창조주이신 하나님 없이 이 우주를 달리는 인생은 가장 불쌍합니다.

지혜로운 사람은 온 세상에 가득한 하나님의 지문을 보며 예수님을 믿는 신앙의 삶을 사는 사람입니다. 온 우주에서, 영원의 세계에서 창조주에게 영혼을 의탁하는 사람, 자녀들과 후손들을 하나님께 의탁하는 사람, 그는 가장 지혜로운 사람입니다.

'그때 거기'

1) 구약과 신약의 중간기

아모스 선지자는 하나님 말씀이 임하지 않는 때를 기근이 임하는 때요 기갈의 때라고 예언합니다.

> 보라 날이 이를지라. 내가 기근을 땅에 보내리니 양식이 없어 주림이 아니며 물이 없어 갈함이 아니요 여호와의 말씀을 듣지 못한 기갈이라. (개역개정, 암 8:11)

성경의 역사 중 이러한 시기가 있었습니다. 그때를 신구약 중간기라고 합니다. 대략 마지막 예언자라 생각하는 말라기 예언자 시대 이후(B.C. 460년)부터 예수 그리스도 탄생까지를 '신구약 중간기'라고 합니다. '침묵의 세기들'(silent centuries)이라고 하고 하나님 예언의 말씀이 끊어진 시간입니다.

그러나 이때도 우리를 구원하시고자 하시는 하나님의 열심은 계속되었습니다. 중간기를 통해 하나님은 역사 속에 어떤 일을 하셨는지, 그리고 왜 그런 사건들이 필요했는지를 살펴보고자 합니다.

2) 바벨론(갈대아) 포로 이후의 변화

B.C. 930년 솔로몬 아들 르호보암 때 이스라엘은 북이스라엘과 남유다로 나라가 나눠집니다. 그리고 북이스라엘은 B.C. 722년 앗수르에 의해 멸망하고 남유다는 B.C. 586년 바벨론에 멸망합니다. 나라는 망하고 백성들은 포로로 끌려갑니다.

왜 이런 일이 일어났는가? 하나님을 제대로 섬기지 못했기 때문입니다. 왕은 하나님을 섬기는 것을 보여 주는 사람입니다. 그런데 하나같이 하나님 앞에서 악한 왕들입니다.

북이스라엘은 19명의 왕이 있었지만 하나님 보시기에 선한 왕은 하나도 없었습니다. 남유다도 별반 다르지 않습니다. 20명의 왕 중 12명은 악하고 8명은 그나마 조금 나은 왕이었습니다.

포로로 돌아온 이들 속에는 하나님을 제대로 예배하고 하나님을 보여 주는 왕에 대한 갈망이 생겨납니다. 또한, 이스라엘을 구원할 진짜 구원자를 간절히 소망합니다. 메시야 대망사상이지요.

구약성경의 '메시야'는 헬라어로 음역하면 '그리스도'라고 합니다. '그리스도'란 '기름 부음을 받은 자'라는 뜻입니다. 기름을 물에 부으면 기름이 위로 떠오르듯 그리스도는 위에 계신 분, 머리가 되시는 분, 통치자의 의미가 있습니다. 왕, 제사장, 선지자들이 그런 분이었습니다.

우리는 예수님을 그리스도 또는 메시야라고 부릅니다. 기름 부음을 받으신 분입니다. 왕 중의 왕이요, 대제사장이시며, 하나님을 온전히 보여 주신 선지자 중의 선지자이십니다. 교회의 머리가 되시는 분이시며 우리 구주이십니다.

솔로몬 이후 나라가 분열되고, 포로로 끌려가고, 포로에서 귀환하는 모든 기간은 이스라엘 백성들은 그리스도가 오시기를 간절히 열망하는 시간이었으며 이때는 성경적으로 중간기입니다.

3) 바벨론과 다니엘

바벨론 왕 느부갓네살이 꿈을 꿉니다. 큰 신상에 관한 꿈이었는데 바벨론의 어떤 사람도 해석을 못 합니다. 포로로 끌려간 다니엘이 꿈을 해석해줍니다. 느부갓네살 왕은 다니엘을 모든 지혜자의 어른으로 삼습니다.

> 왕이 이에 다니엘을 높여 귀한 선물을 많이 주며 그를 세워
> 바벨론 온 지방을 다스리게 하며 또 바벨론 모든 지혜자의
> 어른을 삼았으며. (개역개정, 단2:48)

벨사살은 바벨론 마지막 왕입니다. 궁중 연회를 즐길 때 벽에 사람의 손가락이 나타나 글을 씁니다.

'메네메네 데겔 우 바르신'(세었다, 세었다, 달아보았다, 나누었다). 하나님께서 저울로 측량하셨는데 부족함이 드러났다는 것입니다. 나라가 멸망하고 나누어질 것이라는 해석을 다니엘이 합니다. 해석을 들은 왕은 다니엘을 나라의 셋째 통치자로 임명합니다.

그날 밤 벨사상 왕은 사살당하고 바벨론은 바사에 의해 멸망당합니다. 그리고 메대 사람 다리오가 나라를 얻습니다. 다니엘은 바벨론과 그 뒤를 이은 메대 그리고 바사에 이르기까지 지위가 점점 높아져 총리가 되고

형통한 삶을 살게 됩니다.

> 이 다니엘이 다리오 왕의 시대와 바사 사람 고레스 왕의 시
> 대에 형통하였더라. (개역개정, 단6:28)

다니엘은 박사들의 어른이 되었다고 성경은 말씀하고 있습니다. 다니엘서가 기록된 것은 대략 B.C. 600년경입니다. 그 후 600여 년이 흘러 베들레헴에서 예수님이 탄생하셨습니다. 그때 동방의 박사들이 예수님께 경배하고자 옵니다. 이들은 예수님에게 황금과 유향과 몰약을 드립니다.

즐거운 상상. 동방의 박사들은 누구?
동방은 페르시아입니다. 저는 이렇게 상상합니다. 동방 박사들의 어른은 600년 전 다니엘입니다. 그들은 다니엘에게서 성경을 배웠을 것입니다. 별을 관측하다가 메시야 탄생을 보게 됩니다. 예수님께 경배하고 황금과 유향과 몰약을 예물로 드립니다.
그들이 떠난 후 헤롯왕은 예수님을 죽이려 하고 주의 사자의 고지를 통해 요셉과 마리아 그리고 아기 예수님은 밤에 이집트로 피난을 합니다. 이집트에서 머무는 동안 이들은 동방 박사들이 드린 예물로 생활을 영위할 수 있었을 것입니다. 그렇게 보면 하나님은 다니엘을 통해 600년 후에 예수님 피난 자금을 준비하신 것입니다. 하나님은 예수님이 오시는 모든 길을 예비하십니다.

4) 바사(페르시아) 왕 고레스

고레스는 바사(페르시아) 초대 왕입니다. B.C. 538년 고레스 칙령을 반포하고 유대인을 고국으로 귀환시킵니다. 이런 시대적 흐름 속에서 이스라엘 백성들은 자신들을 돌아봅니다.

바벨론에 포로로 끌려간 것은 하나님을 제대로 예배하지 못했기 때문이라는 것과 우상을 숭배하였기 때문이라는 것을 알게 됩니다. 이후로 이스라엘에는 우상이 완전히 제거됩니다. 하나님을 바르게 예배하기 위해 회당을 만들고 하나님 말씀을 연구합니다.

5) 그리스 제국 등장

바사 이후 그리스의 알렉산드로스가 패권을 잡게 됩니다. 당시의 세계정복을 통해 그리스 문화와 언어가 보편문화, 공통언어로 등장합니다. 히브리어 성경의 최초 희랍어 번역인 70인 역이 이 시기에 등장하게 되었습니다. (B.C. 285-B.C. 247년)

6) 유대교 분파 출현

포로기와 중간기를 거치면서 유대교 여러 분파들이 출현합니다. 유대인의 최고 의결(통치) 기관인 산헤드린 공회가 세워집니다. 대제사장이 의장이며 공회원은 바리새인, 사두개인(제사장 계급을 독점), 서기관, 장로 등 백성의 대표 71명(의장 포함)으로 구성되었습니다. 모든 안건은 만

장일치로 결의했으며, 율법을 해석하고, 종교 재판을 주관하며, 성전 치안 문제 등을 다루었습니다.

서기관이 출현합니다. 율법을 복사(필사)하거나 연구하여 가르치는 전문 율법학자들입니다. 주로 레위 지파에서 나왔으며 세습직입니다. '율법교사'로도 불렸는데 바리새파에 속했고 산헤드린 공회의 핵심 인물이었습니다.

바리새파가 있습니다. 모세 율법과 장로의 유전(전승)을 중시하며 부활을 믿었습니다. 전통을 중시하고 율법주의를 고수하여 당시 종파 중 가장 큰 세력을 형성하였지만 지나친 형식주의에 빠져 율법의 참 정신을 상실하는 잘못을 범합니다.

사두개파는 대제사장 사독의 이름에서 유래된 명칭으로 B.C. 160년경 일부 제사장들이 사독의 후예임을 자처하면서 만든 당파입니다. 모세 오경만 인정하고 부활, 내세, 천사, 사탄 등 영 생과 영적 세계를 부인한 현실주의자들이지요. 기득권층을 형성한 이들은 바리새파와 함께 산헤드린의 양대 세력을 이룹니다. 그러나 신앙의 순수성 상실, 윤리성 결여로 백성들의 반발을 샀습니다.

그 외에 열심당, 에세네파, 쿰란 공동체 등이 이때 출현합니다.

7) 로마통치시대

당시 세계는 강력한 로마의 통치로 인하여 사회적으로 불안하였지만 정치적으로는 안정된 시기였습니다. 그리고 마침내 그리스도이신 예수님께서 이 땅에 오셨습니다.

'지금 여기'

1) '지금 여기'(삶의 자리)

세상의 역사가 우연처럼 보이지만 그 안에는 우리를 구원코자 하시는 하나님의 구원사가 깃들어 있습니다. 개인의 삶도 마찬가지입니다.

2) 중간기는 암흑기라고요?

중간기는 하나님께서 보내신 선지자가 없기에 암흑기라고도 말합니다. 그러나 역사 속을 들여다보면 암흑기가 아니었습니다. 구원의 역사를 이루시기 위해 예수님이 오시는 길을 철저히 준비하셨습니다. 중간기에 이뤄진 일입니다.

페르시아 시대 = 메시야 대망사상, 우상 제거
희랍시대 = 언어 통일, 문화통일
로마시대 = 도로 건설, 정치 통일
메시야 오심

묵상을 위한 질문

1. 인생마다 고난의 터널을 겪게 됩니다. 고난의 시간에 개입하신 하나님의 섭리와 경륜이 있었습니까?

2. 역사 속 사람들은 불타 없어질 그루터기와 소망과 영생으로 들어가는 그루터기로 각각의 자리에서 쓰임 받았습니다. 당신은 하나님께 어떻게 쓰임 받고 있나요?

08

율법과 은혜
(구원사 관점에서 본 십자가 사건)

너희는 그 은혜에 의하여 믿음으로 말미암아 구원을 받았으
니 이것은 너희에게서 난 것이 아니요 하나님의 선물이라.

(개역개정, 엡2:8)

1892년 11월 15일 미국 북장로회 소속 밀러 선교사님이 입국했습니다. '민로아'라는 한국 이름으로 「민로아 학당」을 열고 안창호 등 많은 인재를 길러내어 기독교 교육에 힘썼습니다. 청주를 중심으로 동서남북에 교회를 세우고, 교회 안에 기독교 학교를 설립했습니다. 1907년 밀러의 부인 도티 여사는 사택 근처 한옥에서 13명의 아이를 모아 성경을 가르치며 청신여학교를 시작하였습니다.

밀러 선교사는 매년 네 가지 종류의 새로운 전도지를 만들어서 영혼 구원에 모든 것을 쏟아부었습니다. 척박한 조선 땅에서 두 자녀와 아내까지 잃은 밀러 선교사에게 조선 사람들은 물었습니다. 도대체 예수가 누구기에 당신을 이렇게 힘들게 하는가요? 밀러 선교사는 대답 대신 이 찬송을 만들어 불렀습니다.

> 1. 예수님은 누구신가 우는 자의 위로와 없는 자의 풍성이며
>   천한 자의 높음과 잡힌 자의 놓임 되고 우리 기쁨 되시네
> 2. 예수님은 누구신가 약한 자의 강함과 눈먼 자의 빛이시며
>   병든 자의 고침과 죽은 자의 부활 되고 우리 생명 되시네
> 3. 예수님은 누구신가 추한 자의 정함과 죽을 자의 생명이며
>   죄인들의 중보와 멸망 자의 구원 되고 우리 평화 되시네
> 4. 예수님은 누구신가 온 교회의 머리와 온 세상의 구주시며
>   모든 왕의 왕이요 심판하실 주님 되고 우리 영광 되시네

'그때 거기'

1) 심판에서 은혜로

구약성경과 신약성경은 연결성을 가지고 있습니다. 구약성경의 마지막 책 말라기서에는 하나님을 향해 불평하는 사람들의 모습이 나옵니다. 포로에서 귀환 후 수십 년이 지났으나 고단한 생활이 지속되자 신앙이 약화된 것입니다. 그들은 하나님께 따지기 시작합니다. 우리를 사랑하신다고 하셨는데 언제 어떻게 우리를 사랑했습니까?

> 여호와께서 이르시되 내가 너희를 사랑하였노라 하나 너희는 이르기를 주께서 어떻게 우리를 사랑하셨나이까 하는도다. (개역개정, 말1:2a)

하나님께서도 기가 막히시지요. 대답해 주십니다.

> 나 여호와가 말하노라 에서는 야곱의 형이 아니냐 그러나 내가 야곱을 사랑하였고 에서는 미워하였으며 그의 산들을 황폐하게 하였고 그의 산업을 광야의 이리들에게 넘겼느니라. (개역개정, 말1:2b-3)

하나님의 사랑을 몰라줍니다. 무한한 사랑으로 사랑하셨건만 하나님을 두려워함도 없고, 공경함도 없습니다. 정의의 하나님이 어디 계시냐고 교만하게 소리 지릅니다.

이쯤 되면 '그만하자' 하고 손 놓으실 텐데 하나님은 끝까지 포기하지 않으십니다. 선지자를 보내어서 그들의 마음을 돌이키게 하십니다.

> 보라 여호와의 크고 두려운 날이 이르기 전에 내가 선지자 엘리야를 너희에게 보내리니 그가 아버지의 마음을 자녀에게로 돌이키게 하고 자녀들의 마음을 그들의 아버지에게로 돌이키게 하리라 돌이키지 아니하면 두렵건대 내가 와서 저주로 그 땅을 칠까 하노라 하시니라. (개역개정, 말4:5-6)

돌이키기를 간절히 원하시는 하나님 마음이 들어 있습니다. 그러나 이들은 돌이키지 않습니다. 그래도 하나님은 포기하지 않으십니다. 인간의 악함과 하나님의 사랑이 정면 대결을 펼치고 있습니다. 어떻게 결론이 날까요?

> 6 예수는 교회들을 위하여 내 사자를 보내어 이것들을 너희에게 증언하게 하였노라 나는 다윗의 뿌리요 자손이니 곧 광명한 새벽 별이라 하시더라 성령과 신부가 말씀하시기를 오라 하시는도다 듣는 자도 오라 할 것이요 목마른 자도 올 것이요 또 원하는 자는 값없이 생명수를 받으라 하시더라… 21 주 예수의 은혜가 모든 자들에게 있을지어다 아멘. (개역개

정, 계22:6, 21)

'저주로 땅을 칠까 하노라'라는 말씀으로 말라기는 끝이 납니다. 그러나 성경의 마지막 책인 요한계시록은 '주 예수의 은혜가 모든 자들에게 있을지어다.'라는 말씀으로 마쳐집니다. 하나님의 은혜가 심판을 덮은 것이지요. 성경은 하나님께서 은혜로 승리하심을 말씀하고 있습니다. 자녀들이 돌아올 것입니다. 하나님 백성이 되어 하나님을 찬송하게 될 것입니다. 어떻게 이런 일이 일어날까요?

2) 어떻게?

모세의 역할과 예수님의 역할이 있습니다. 모세의 역할은 율법을 받는 것입니다. 예수님께서 하신 일은 은혜와 진리로 우리를 사랑하시는 것입니다.

> 그분의 충만하신 것에서 우리 모두는 넘치는 은혜를 받았습니다. 그것은 율법이 모세를 통해 주어졌지만, 은혜와 진리는 예수 그리스도를 통하여 왔기 때문입니다. (쉬운성경, 요 1:16-17)

구약에는 시내산이 있고 신약에는 골고다 언덕이 있습니다. 모세가 시내산에서 율법을 받을 때의 장면을 성경은 자세하게 말씀하고 있습니다.

여호와께서 모세에게 이르시되 너는 백성에게로 가서 오늘
과 내일 그들을 성결하게 하며 그들에게 옷을 빨게 하고 준
비하게 하여 셋째 날을 기다리게 하라 이는 셋째 날에 나 여
호와가 온 백성의 목전에서 시내 산에 강림할 것임이니. (개
역개정, 출19:10-11)

너는 백성을 위하여 주위에 경계를 정하고 이르기를 너희는
삼가 산에 오르거나 그 경계를 침범하지 말지니 산을 침범하
는 자는 반드시 죽임을 당할 것이라… 셋째 날 아침에 우레와
번개와 빽빽한 구름이 산 위에 있고 나팔 소리가 매우 크게
들리니 진중에 있는 모든 백성이 다 떨더라 여호와께서 시내
산 곧 그 산꼭대기에 강림하시고 모세를 그리로 부르시니 모
세가 올라가매 여호와께서 모세에게 이르시되 내려가서 백
성을 경고하라 백성이 밀고 들어와 나 여호와에게로 와서 보
려고 하다가 많이 죽을까 하노라. (개역개정, 출19:12-21)

밑줄 친 부분을 유의해 보세요. 죽임을 당할 것이라, 다 떨더라, 많이
죽을까 하노라. 두려움 가운데 율법이 주어집니다. 율법은 주어질 때도
두렵지만 율법을 범한 자는 죽임을 당합니다. 시내산은 두려움 속에서
율법이 주어진 산입니다.

신약성경에는 골고다 언약이 나옵니다. 영어로는 '갈보리'로 불리는데
라틴어 읽기에서 유래되었습니다. 골고다는 '해골'이란 뜻의 아람어입니
다. 약 20m 높이의 작은 언덕입니다. 예로부터 처형 장소로 사용되어 해골

이 많았거나 지형이 해골처럼 생긴 데서 이 지명이 유래하였다고 합니다.

골고다에서 사람들은 예수님을 십자가에 못 박았습니다. 우리를 구원하기 위해 오신 하나님 아들을 십자가에 못 박은 것입니다. 그런데 골고다 언덕의 상황은 시내산과 전혀 다른 모습입니다.

> 해골이라 하는 곳에 이르러 거기서 예수를 십자가에 못 박고 두 행악자도 그렇게 하니 하나는 우편에, 하나는 좌편에 있더라. 이에 예수께서 이르시되 아버지 저들을 사하여 주옵소서 자기들이 하는 것을 알지 못함이니이다 하시더라. (개역개정, 눅23:33-34)

'저들을 사하여 주옵소서' 하시는 예수님의 기도가 있습니다. 율법이 내려오는 시내산과 전혀 다른 모습이지요. 골고다 언덕은 예수님의 기도가 있고, 용서가 있습니다. 은혜와 진리는 예수님을 통하여 오는 것입니다.

3) 율법의 문제

아직도 문제는 남아 있습니다. 율법입니다. 율법에는 하나님의 공의가 들어 있습니다. 공의는 선과 악을 정확하게 분별하고 통제하는 하나님의 거룩한 성품 가운데 하나입니다.

지은 죄에 대해서 눈 가리고 아웅 하듯 '죄 없다고 하자' 하실 수는 없습니다. 이 죄에 대한 대가가 지불되어야 합니다.

4) 예수님이 오신 목적

예수님께서 이 땅에 오신 목적을 분명하게 말씀하십니다.

> 인자가 온 것은 섬김을 받으려 함이 아니라 도리어 섬기려
> 하고 자기 목숨을 많은 사람의 대속물로 주려 함이니라. (개
> 역개정, 막10:45)

대속물은 지은 죄에 대한 벌을 받거나 속죄를 하기 위해 바쳐진 물건
이나 사람을 의미합니다. 예수님은 스스로 대속물로 오셨습니다. 대속
물에는 조건이 있습니다. 인간이 하나님께 죄를 범했으니 대속물이 되는
예수님은 죄가 없는 분이셔야 합니다. 사람이 죄를 범했으니 사람이셔야
합니다. 동시에 모든 사람의 죄를 담당하셔야 하니 하나님이셔야 합니
다.

죄 없으신 사람이시며 동시에 하나님이셔야 조건이 성립됩니다. 성경
은 이 부분에 대해 정확하게 알려 주고 있습니다.

> 그러므로 우리에게 큰 대제사장이 계시니 승천하신 이 곧 <u>한</u>
> <u>나님의 아들 예수</u>시라 우리가 믿는 도리를 굳게 잡을지어다.
> 우리에게 있는 대제사장은 우리의 연약함을 동정하지 못하
> 실 이가 아니요 모든 일에 <u>우리와 똑같이 시험을 받으신 이</u>
> <u>로되 죄는 없으시니라.</u> (개역개정, 히4:14-15)

말씀이 사람이 되셔서, 우리 가운데에서 사셨습니다 우리는
그분의 영광을 보았습니다 그 영광은 오직 아버지의 독생자
만이 가질 수 있는 영광이었습니다 그 말씀은 은혜와 진리로
충만해 있었습니다. (쉬운성경, 요1:14)

때가 차매 하나님이 그 아들을 보내사 여자에게서 나게 하시
고 율법 아래에 나게 하신 것은 율법 아래에 있는 자들을 속
량하시고 우리로 아들의 명분을 얻게 하려 하심이라. (개역
개정, 갈4:4-5)

속량(贖良)이라는 말은 몸값을 받고 죄인을 풀어 자유인이 되게 하는
것입니다. 레위기 25장에는 속량에 대한 말씀이 나옵니다.

만일 너와 함께 있는 거류민이나 동거인은 부유하게 되고
그와 함께 있는 네 형제는 가난하게 되므로 그가 너와 함께
있는 거류민이나 동거인 또는 거류민의 가족의 후손에게 팔
리면 그가 팔린 후에 그에게는 속량 받을 권리가 있나니 그
의 형제 중 하나가 그를 속량하거나 또는 그의 삼촌이나 그
의 삼촌의 아들이 그를 속량하거나 그의 가족 중 그의 살붙
이 중에서 그를 속량할 것이요 그가 부유하게 되면 스스로
속량하되. (개역개정, 레25:47-49)

팔린 사람은 속량 받을 권리가 있습니다. 가족 중에서 속량해 줘야 합

니다. 부유하면 스스로 속량하면 됩니다. 문제는 모두가 하나님 앞에서 죄인이라는 것입니다. 스스로 속량할 능력이 없을 뿐 아니라 타인을 도와줄 능력도 없습니다.

> 모든 사람이 죄를 범하였으매 하나님의 영광에 이르지 못하더니. (개역개정, 롬3:23)

이런 인생들을 속량하시기 위해 예수님이 찾아오신 것입니다.

> 그리스도 예수 안에 있는 속량으로 말미암아 하나님의 은혜로 값없이 의롭다 하심을 얻은 자 되었느니라. (개역개정, 롬 3:24)

5) 속량의 방법

우리가 좋아하고 암송하는 말씀이 있습니다.

> 하나님이 세상을 이처럼 사랑하사 독생자를 주셨으니 이는 그를 믿는 자마다 멸망하지 않고 영생을 얻게 하려 하심이라. (개역개정, 요3:16)

이 말씀에서 세상은 '우리'를 의미합니다. 하나님이 우리를 '이처럼' 사랑하셨습니다. '이처럼'이 무엇을 가리키는지에 대하여는 두 가지 주장이 있습니다. 16절 뒷부분을 가리키는 것으로 해석하면 멸망하지 않고 영생을 얻게 하려는 사랑으로 해석할 수 있습니다. 다른 하나는 앞부분인 요한복음 3장 14-15절입니다.

> 모세가 광야에서 뱀을 든 것 같이 인자도 들려야 하리니 이는 그를 믿는 자마다 영생을 얻게 하려 하심이니라. (개역개정, 요3:14-15)

어느 쪽으로 해석하든 독생자 예수님을 우리에게 주신 하나님 사랑은 조금도 약화되지 않습니다. 저는 앞부분에 조금 더 큰 의미를 부여하고 있습니다.

'모세가 광야에서 뱀을 든 것 같이'라는 말씀은 민수기 21장에 나오는 사건입니다. 광야 길에서 백성들이 하나님과 모세를 원망합니다.

> 백성이 하나님과 모세를 향하여 원망하되 어찌하여 우리를 이집트에서 인도해 내어 이 광야에서 죽게 하는가 이 곳에는 먹을 것도 없고 물도 없도다 우리 마음이 이 하찮은 음식을 싫어하노라 하매. (개역개정, 민21:5)

광야에서 이스라엘 백성들은 기적을 맛보며 하나님과 동행하는 삶을 살았습니다. 불기둥과 구름기둥으로 보호하시고, 아침마다 만나로 먹이셨습니다. 모세는 광야 40년을 회상하며 이렇게 설교합니다.

주께서 사십 년 동안 너희를 광야에서 인도하셨거니와 너희 몸의 옷이 낡아지지 아니하였고 너희 발의 신이 해어지지 아니하였으며. (개역개정, 신29:5)

출애굽을 말씀하실 때는 더욱 은혜롭습니다.

내가 이집트 사람에게 어떻게 행하였음과 내가 어떻게 독수리 날개로 너희를 업어 내게로 인도하였음을 너희가 보았느니라. (개역개정, 출19:4)

업고 다니셨다는 것입니다. 은혜가 계속되면 은혜인 줄 모르게 됩니다. 원망하고 불평합니다. 만나를 처음 먹을 때는 너무나 황홀해서 '이것이 무엇이냐?'라고 외쳤지요. 만나의 뜻은 '이것이 무엇이냐?'입니다. 이들은 만나를 하늘 양식(시105:40), 신령한 음식(고전10:3), 주의 만나(느9:20)로 불렀습니다. 꿀 섞은 과자처럼 맛이 있다고 고백했습니다. 만나는 출애굽 2년 신광야에서 내리기 시작하여 안식일 전날을 제외하고는 가나안 땅의 소산을 먹을 때까지 끊이지 않고 내렸습니다.

유월절 이튿날, 백성들은 그 땅에서 자라난 식물 중 몇 가지를 먹었는데, 그것은 누룩을 넣지 않고 만든 빵인 무교병과 볶은 곡식이었습니다. 이 음식을 먹은 그 날부터 만나는 더 이상 내리지 않았습니다. 이스라엘 사람들은 그 날 이후 만나를 먹을 수 없기 때문에 가나안 땅에서 나는 것을 먹기

시작 했습니다. (쉬운성경, 수5:11-12)

원망과 불평이 올라오자 백성들은 이 하늘 양식인 만나를 하찮은(지겨운, 보잘것없는, 형편없는, 끔찍한) 음식이라고 치부해 버립니다. 하나님께서는 불평하는 이 백성들에게 불 뱀을 보내십니다. 죽게 되자 그들은 용서를 구합니다.

원망함으로 범죄하였으니 '살려 주세요' 하는 것이지요. 하나님께서 백성을 살리시는 방법이 독특합니다. 여호와께서 모세에게 말했습니다. "구리 뱀을 만들어서 장대에 매달아라. 뱀에 물린 사람은 그것을 쳐다보면 살 것이다."

그리하여 모세는 구리 뱀을 만들어 장대에 매달았습니다 뱀에 물린 사람은 누구든지 그것을 쳐다보면 살아났습니다. (쉬운성경, 민21:8-9)

하나님의 공의는 '그냥 죄 없다고 하자' 그렇게 못하십니다. 누군가가 죗값을 치러야 합니다. 구리 뱀을 만들어 장대에 매달고 죄를 범한 백성이 그 구리 뱀을 쳐다봅니다. 그때 백성의 죄가 구리 뱀에게 옮겨가게 됩니다. 저주는 구리 뱀이 받게 되고, 백성은 살았습니다.

6) 전가의 법칙

전가의 법칙이 있습니다. 위대한 교환이라고도 합니다. 우리에게는 죄가 있고 예수님은 의(義)가 있습니다. 여기서 위대한 교환이 일어납니다. 예수님께서 우리 죄를 대신 짊어지시고 예수님이 가지신 의를 우리에게 주시는 것입니다.

'하나님이 세상을 이처럼 사랑하사'라는 말씀은 광야에서 구리 뱀을 바라본 사람들의 죄가 구리 뱀에게 옮겨 가서 그들이 살아난 것처럼 우리 죄악이 예수님에게로 옮겨 감으로 인해 우리가 살게 되고 예수님이 십자가에 대신 죽으시는 것입니다.

죄의 옷을 예수님이 입으시고, 예수님의 의(義)의 옷을 우리에게 입혀 주신 것입니다. 그로 인해 예수님은 십자가에서 죽으시고, 우리는 의롭다 칭함을 얻게 됩니다. 구약성경의 이사야 53장 5-6절은 신약의 요한복음 3장 16절이라고 합니다.

> 그가 찔림은 우리의 허물 때문이요 그가 상함은 우리의 죄악 때문이라 그가 징계를 받으므로 우리는 평화를 누리고 그가 채찍에 맞으므로 우리는 나음을 받았도다. 우리는 다 양 같아서 그릇 행하여 각기 제 길로 갔거늘 여호와께서는 우리 모두의 죄악을 그에게 담당시키셨도다. (개역개정, 사53:5-6)

> 모세가 광야에서 뱀을 든 것 같이 인자도 들려야 하리니 이는 그를 믿는 자마다 영생을 얻게 하려 하심이니라 하나님이 세상을 이처럼 사랑하사 독생자를 주셨으니 이는 그를 믿는 자마다 멸망하지 않고 영생을 얻게 하려 하심이라. (개역개정, 요3:14-16)

구리 뱀이 장대에 달려 대신 저주를 받은 것처럼, 예수님께서 십자가에 달리셔서 우리 대신 저주를 담당하신 것입니다.

> 사람이 만일 죽을죄를 범하므로 네가 그를 죽여 나무 위에 달거든 그 시체를 나무 위에 밤새도록 두지 말고 그 날에 장사하여 네 하나님 여호와께서 네게 기업으로 주시는 땅을 더럽히지 말라 나무에 달린 자는 하나님께 저주를 받았음이니라. (개역개정, 신21:22-23)

> 그리스도께서 우리를 위하여 저주를 받은바 되사 율법의 저주에서 우리를 속량하셨으니 기록된 나무에 달린 자마다 저주 아래에 있는 자라 하였음이라. (개역개정, 갈3:13)

예수님께서 지신 십자가는 저주와 심판과 죽음을 상징합니다. 죄 없으신 하나님 아들이 우리를 대신하여 십자가 지심으로 모든 죄와 저주에서 우리를 건지셨습니다.

'지금 여기'

1) '지금 여기'(삶의 자리)

예수님의 십자가는 모든 것을 바꾸어 놓았습니다.

> 죄가 너희를 주장하지 못하리니 이는 너희가 법 아래에 있지
> 아니하고 은혜 아래에 있음이라. (개역개정, 롬6:14)

은혜 아래 있다고 선언합니다. 은혜 아래 있는 것은 놀라운 특권입니다. 율법 아래 있을 때와 분명하게 비교됩니다.

> 그 때에 너희는 그리스도 밖에 있었고 이스라엘 나라 밖의
> 사람이라 약속의 언약들에 대하여는 외인이요 세상에서 소
> 망이 없고 하나님도 없는 자이더니. (개역개정, 엡2:12)

이제는 은혜 아래 있습니다.

> 그러므로 이제부터 너희는 외인도 아니요 나그네도 아니요.
> 오직 성도들과 동일한 시민이요 하나님의 권속이라. (개역개

정, 엡2:19)

죄로 죽을 사람이 의의 옷을 입고 하나님 자녀로 영원히 사는 것, 이것이 기독교입니다.

❧ 묵상을 위한 질문 ❧

1. 말라기의 저주로 성경이 끝났다면 우리는 가장 불쌍한 사람들일 것입니다. 그러나 성경은 요한계시록의 은혜로 마칩니다. 심판에 속한 사람이 있고, 은혜에 속한 사람이 있습니다. 시내산에 머문 사람이 있고, 골고다 십자가를 통과한 사람이 있습니다. 나는 지금 어디에 있습니까?

2. 위대한 교환, 전가의 법칙이 있습니다. 예수님께서 나의 저주와 심판을 짊어지셨습니다. 은혜의 시대가 열린 것입니다. 모든 아픔과 고통을 예수님께 맡기고 신앙 안에서 새로운 삶을 시작할 수 있습니다. 예수님께 내려놓을 짐의 목록은 무엇입니까?

"우리가 하나님 아들 예수님을 십자가에 매달아 죽였고(**십자가**),

우리가 죽인 그 예수님을 하나님이 살리셨고(**부활**),

다시 사신 예수님이 우리를 영원히 살리신다.(**구원**)"

09

교회

(구원사 관점에서 본 교회)

또 내가 네게 이르노니 너는 베드로라 내가 이 반석 위에 내 교회를 세우리니 음부의 권세가 이기지 못하리라. (개역개정, 마16:18)

류시화의 글 〈새는 날아가면서 뒤돌아보지 않는다〉에서 김혜자가 아프리카 라이베리아에서 경험한 일을 읽었습니다. 십 년이 넘는 내전으로 수십만 명이 목숨을 잃고 국민의 절반이 난민으로 전락한 나라에 김혜자는 의료 봉사팀과 함께 도착합니다. 다 쓰러져 가는 흙집에 한 흑인 여성이 고통으로 신음하고 있습니다. 의사가 눌러 보니 누르는 곳마다 역겨운 고름이 흘러나옵니다. "사람이 어떻게 이 지경까지 갈 수 있을까?" 숨을 쉬고 있는 것만으로도 기적입니다. 몇 시간에 걸쳐 소독약으로 몸을 닦고 고름을 제거하였습니다. 다 마쳤을 때 그 30대 중반의 그녀는 조용히 숨을 거두었습니다.

한 번도 누군가의 사랑을 받아 보지 못한 이 여인은 단 한 번이라도 자신을 보살펴 줄 누군가의 손길이 나타나기를 기다린 것 같았다고 합니다. 엉망진창인 몸을 다 닦아 주었을 때 그 여인은 뜻밖에도 평화롭게 미소를 지었고, 처음의 괴로웠던 얼굴과는 완전히 다른 얼굴이 되어 있었답니다.

마지막 눈을 감기 전에 이 여인은 김혜자와 의사를 보며 이렇게 말했답니다. "이제 행복하다고…" 고통스런 삶을 보냈으나 한 번의 따뜻한 손길로 행복을 마음에 품고 떠난 것입니다.

'그때 거기'

1) 교회의 탄생

마태복음 16장에서 예수님은 제자들에게 예수님을 어떻게 이해하느냐고 물으십니다. 사람들은 선지자 중 하나로 알고 있습니다. 그런데 베드로가 뜻밖의 대답을 합니다.

> 시몬 베드로가 대답하여 이르되 주는 그리스도시요 살아계신 하나님의 아들이시니이다. (개역개정, 마16:16)

예수님께서 베드로를 칭찬하십니다.

> 예수께서 대답하여 이르시되 바요나 시몬아 네가 복이 있도다 이를 네게 알게 한 이는 혈육이 아니요 하늘에 계신 내 아버지시니라. (개역개정, 마16:17)

오늘날 우리들은 예수님께서 그리스도이시며, 하나님 아들이심을 잘 알고 믿음 생활을 하고 있습니다. 하지만 당시는 상황이 다릅니다. 예수님 시대 사람들 생각에는 '선지자적 사역'이 있고, '메시야적 사역'이 있었습니다. '선지자적 사역'은 백성들의 죄를 책망하고, 율법으로 심판하는 사역입니다. '메시야적 사역'은 구원하는 사역입니다. 예수님께서 '독사의 새끼'를 외치며 성전을 정화하는 것을 보며 선지자라고 판단한 것이지요. 그런데 베드로가 뜻밖의 대답을 한 것입니다. 주는 그리스도시오, 살아 계신 하나님 아들이십니다. 이 대답은 하나님께서 알게 하신 것이라고 말씀하지요. 예수님은 신앙고백을 한 베드로 위에 교회를 세우신다고 하십니다.

> 내가 네게 말한다 너는 베드로다 내가 이 돌 위에 내 교회를
> 지을 것이니, 지옥의 문이 이것을 이기지 못할 것이다. (개역
> 개정, 마16:18)

먼저 베드로 위에 교회를 세운다고 하신 말씀이 오해를 살 수 있습니다. 예수님의 이 말씀은 베드로를 지목하시지만 사실은 베드로로 대표되는 열두 제자를 말씀합니다. 이들을 교회의 기초로 삼으시겠다는 것입니다. 에베소서는 교회론과 기독론을 가르쳐 주는데 다음과 같이 말씀하십니다.

> 너희는 사도들과 선지자들의 터 위에 세우심을 입은 자라 그
> 리스도 예수께서 친히 모퉁잇돌이 되셨느니라 그의 안에서
> 건물마다 서로 연결하여 주 안에서 성전이 되어 가고 너희도
> 성령 안에서 하나님이 거하실 처소가 되기 위하여 그리스도
> 예수 안에서 함께 지어져 가느니라. (개역개정, 엡2:20-22)

하나님께서 이스라엘 열두 지파를 부르셔서 자신의 언약 공동체를 만드신 것처럼, 예수님은 열두 제자를 부르셔서 자신의 새로운 언약 공동체를 만드신다. (황원하,《마태복음》)

교회는 권세가 있습니다. 지옥의 문이 교회를 이기지 못한다고 말씀하십니다. 교회는 심판이 아닌 구원의 문이며, 사망이 아닌 생명의 문입니다.

2) 교회와 성령님

사도행전 2장은 교회가 탄생되는 장면이 나옵니다. 오순절날 120여 명의 제자들이 모였습니다. 그리고 성령님께서 강림하셔서 각 사람에게 임재하십니다. 성령님으로 충만해진 그들이 최초의 교회가 됩니다. 오순절에 일어난 사건입니다. 오순절은 유월절이 지난 안식일부터 7주를 지냅니다. 49일이 되는 그 날은 안식일이 일곱 번 겹치기에 큰 안식일이라고 해서 하루를 더 지냅니다. 구약에서는 칠칠절이라고 부릅니다. 그렇게 50일째 되는 날은 우리말로 열흘이 다섯 번이라고 해서 오순절(五旬節)이라고 합니다.

유대인들은 모세가 시대산에서 율법을 받은 날이 칠칠절(오순절)이라고 말합니다. 칠칠절(오순절)에 모세가 시내산에서 율법을 받았다면 오순절(칠칠절)에 제자들이 마가의 다락방에서 성령님을 받은 것입니다. 성령님이 제자들에게 충만하게 임재하셨고, 교회가 생겨난 것입니다. 예수님은 이 땅에 계실 때 성령님에 대해 말씀해 주셨습니다.

내가 아버지께 구하겠으니 그가 또 다른 보혜사를 너희에게 주사 영원토록 너희와 함께 있게 하리니 그는 진리의 영이라 세상은 능히 그를 받지 못하나니 이는 그를 보지도 못하고 알지도 못함이라 그러나 너희는 그를 아나니 그는 너희와 함께 거하심이요 또 너희 속에 계시겠음이라. (개역개정, 요 14:16-17)

보혜사 곧 아버지께서 내 이름으로 보내실 성령 그가 너희에게 모든 것을 가르치고 내가 너희에게 말한 모든 것을 생각나게 하리라. (개역개정, 요14:26)

내가 아버지께로부터 너희에게 보낼 보혜사 곧 아버지께로부터 나오시는 진리의 성령이 오실 때에 그가 나를 증언하실 것이요. (개역개정, 요15:26)

보혜사(保惠師)는 '보살피며 은혜를 베푸시는 분'이라는 의미입니다. 일반적으로 성령님을 가리키지만 예수님에게도 이 용어가 한 번 적용되었습니다(요일2:1). 성령님은 우리와 영원히 함께하시며 가르치십니다. 그리고 주의 말씀을 생각나게 하시고, 예수님을 증거 하시고, 죄와 의와 심판에 대해 세상을 책망하시고, 진리로 인도하십니다.

3) 교회, 성령님으로 하나

교회는 성령님께서 강림하시면서 생겨났습니다. 교회를 이루는 제자들은 성령님으로 충만하였습니다. 성령님 안에서 하나가 되었습니다.

> 몸은 하나인데 많은 지체가 있고 몸의 지체가 많으나 한 몸임과 같이 그리스도도 그러하니라. 우리가 유대인이나 헬라인이나 종이나 자유인이나 다 한 성령으로 세례를 받아 한 몸이 되었고 또 다 한 성령을 마시게 하셨느니라. (개역개정, 고전12:12-13)

교회의 머리는 예수님이십니다. 교회는 예수님 몸이라고 성경은 말씀합니다.

> 너희는 그리스도의 몸이요 지체의 각 부분이라. (개역개정, 고전12:27)

> 또 만물을 그의 발아래에 복종하게 하시고 그를 만물 위에 교회의 머리로 삼으셨느니라 교회는 그의 몸이니 만물 안에서 만물을 충만하게 하시는 이의 충만함이니라. (개역개정, 엡1:22-23)

한 성령을 마시고, 한 몸을 이뤘기에 함께하는 공동체입니다. 에베소서 3장 4절에서 바울은 그리스도의 비밀을 깨달았다고 합니다. 헬라어에서 말하는 비밀은 조심스럽게 공개된 비밀을 의미합니다. 그 비밀은 예수님 안에서 '함께 상속자'가 되고, '함께 지체'가 되고, '함께 약속에 참여'하는 자가 되는 것입니다.

> 그것을 읽으면 내가 그리스도의 비밀을 깨달은 것을 너희가 알 수 있으리라 이제 그의 거룩한 사도들과 선지자들에게 성령으로 나타내신 것 같이 다른 세대에서는 사람의 아들들에게 알리지 아니하셨으니 이는 이방인들이 복음으로 말미암아 그리스도 예수 안에서 함께 상속자가 되고 함께 지체가 되고 함께 약속에 참여하는 자가 됨이라. (개역개정, 엡3:4-6)

이것이 그리스도의 비밀입니다. 동시에 교회의 비밀입니다. 유대인과 이방인이 예수님 안에서 하나 되는 것입니다. 교회는 높고 낮음이 없습니다. 서로를 보며 존귀한 주의 자녀임을 고백하게 합니다. 이제 교회가 어떤 곳인지 분명해집니다.

교회에는 반드시 예수님이 계셔야 합니다. 머리가 없는 몸은 없기 때문입니다. 교회에는 반드시 성령님이 계셔야 합니다. 성령님의 사역은 예수님을 가르치고 증거하는 일이기 때문입니다.

그렇다면 교회를 왜 세우셨을까요? 예수님 믿으면 바로 하나님 나라로 옮겨 가면 좋을 텐데요. 지상에서 이뤄가야 할 교회의 사명이 있기 때문입니다.

4) 교회의 사명

　교회는 그리스도 성육신의 연장입니다. 예수님 사역을 이어갈 기관입니다. 예수님께서는 하나님 나라를 가지고 오셨습니다. 예수님은 처음부터 끝까지 하나님 나라를 말씀하셨습니다. 부활 승천하시면서 교회를 세우셨습니다. 그리고 교회가 할 일을 예수님은 명확하게 말씀하셨습니다.

> 예수께서 나아와 말씀하여 이르시되 하늘과 땅의 모든 권세를 내게 주셨으니 그러므로 너희는 가서 모든 민족을 제자로 삼아 아버지와 아들과 성령의 이름으로 세례를 베풀고 내가 너희에게 분부한 모든 것을 가르쳐 지키게 하라 볼지어다 내가 세상 끝날 까지 너희와 항상 함께 있으리라 하시니라. (개역개정, 마28:18-20)

　성령님이 임하시면 복음을 증거하는 삶을 삽니다. 복음을 증거하면 하나님 나라는 확장됩니다.

> 오직 성령이 너희에게 임하시면 너희가 권능을 받고 예루살렘과 온 유대와 사마리아와 땅 끝까지 이르러 내 증인이 되리라 하시니라. (개역개정, 행1:8)

　이렇게 확장되어가는 교회는 예수님께서 다시 오실 때 완성됩니다. 예수님 다시 오시는 날은 심판과 구원이 동전의 양면처럼 일어나는 날입니다. 한 편은 심판의 역사가 다른 편은 구원의 역사가 펼쳐지는 날입니다. 그날이 언제인가요?

이 천국 복음이 모든 민족에게 증언되기 위하여 온 세상에 전파되리니 그제야 끝이 오리라. (개역개정, 마24:14)

사도행전 5장에는 베드로와 요한이 복음을 전하다가 옥에 갇히셨습니다. 그 밤에 주의 사자가 옥문을 열어 줍니다. 간수는 베드로와 요한이 탈출한 줄 알고 당혹해하고 있는데 사람들이 와서 알려 줍니다.

사람이 와서 알리되 보소서 옥에 가두었던 사람들이 성전에 서서 백성을 가르치더이다. (개역개정, 행5:25)

이들은 생명을 걸고 복음을 전하고 있습니다. 풀어주신 이유를 정확하게 알고 있기 때문입니다.

사도들을 잡아다가 옥에 가두었더니 주의 사자가 밤에 옥문을 열고 끌어내어 이르되 가서 성전에 서서 이 생명의 말씀을 다 백성에게 말하라. (개역개정, 행5:18-20)

우리의 사명입니다. '이 생명의 말씀을 다 백성에게 말하라.' 왜 풀어주시는지, 왜 건강을 주셨는지, 아니면 왜 이런 어려움이 왔는지, 개인마다 환경과 상황이 다릅니다. 분명한 것은 '이 생명의 말씀을 다 백성에게 말하라'는 것입니다.

제품을 사면 사용설명서를 봅니다. 사용설명서대로 사용할 때 가장 잘 쓸 수 있지요. 예수님의 몸인 우리를 가장 건강하고 의미 있게 사용하기 위해서는 사용설명서를 봐야 합니다. 우리를 위한 사용설명서가 성경에는 기록되어 있습니다.

> 또 이르시되 너희는 온 천하에 다니며 만민에게 복음을 전파하라 믿고 세례를 받는 사람은 구원을 얻을 것이요 믿지 않는 사람은 정죄를 받으리라 믿는 자들에게는 이런 표적이 따르리니 곧 그들이 내 이름으로 귀신을 쫓아내며 새 방언을 말하며 뱀을 집어올리며 무슨 독을 마실지라도 해를 받지 아니하며 병든 사람에게 손을 얹은즉 나으리라 하시더라 주 예수께서 말씀을 마치신 후에 하늘로 올려지사 하나님 우편에 앉으시니라 제자들이 나가 두루 전파할새 주께서 함께 역사하사 그 따르는 표적으로 말씀을 확실히 증언하시니라. (개역개정, 막16:15-20)

> 하나님 앞과 살아 있는 자와 죽은 자를 심판하실 그리스도 예수 앞에서 그가 나타나실 것과 그의 나라를 두고 엄히 명하노니 너는 말씀을 전파하라 때를 얻든지 못 얻든지 항상 힘쓰라 범사에 오래 참음과 가르침으로 경책하며 경계하며 권하라. (개역개정, 딤후4:1-2)

하나님은 우리에게 계명과 사명을 주셨습니다. 계명은 하나님 사랑, 이웃 사랑입니다. 사명은 복음을 증거하는 것입니다.

제자들이 복음을 전할 때 따르는 표적으로 말씀을 확실히 증언할 수 있었습니다. 무기력한 삶을 바꾸고 싶다면 복음을 증거하시기 바랍니다. 활기찬 날마다의 시간을 경험하게 될 것입니다. 육신의 병과 마음의 아픔을 극복하는 가장 좋은 방법은 예수님이 주신 사명을 감당하는 것입니다. 복음을 증거하는 삶입니다. 복음을 전하고자 마음만 먹어도 가슴이 뛰고, 삶 속에 역사하시는 성령님의 은혜는 신비롭습니다. 구원의 모든 비밀은 예수님 안에 있습니다. 삶의 모든 신비로움은 복음을 증거하는 마음속에서 시작됩니다.

'지금 여기'

1) '지금 여기'(삶의 자리)

교회는 성령님이 강림하실 때 생겨났습니다. 교회는 성령님이 계셔야 합니다. 성도는 성령님으로 충만한 삶을 살아야 합니다.

2) 예수님께서는 교회의 머리이십니다

예수님은 복음을 전파하라고 명령하십니다. 복음을 전하면 나는 사용 설명서대로 사는 것이고, 복음을 듣는 사람은 영혼 구원을 받는 기적이 일어납니다.

묵상을 위한 질문

1. 교회는 신앙고백이 있는 사도들의 터 위에서 세워졌습니다. 당신의 신앙고백은 무엇입니까?

2. 성령님께서 강림하심과 함께 교회는 탄생하였습니다. 당신은 교회의 성령 충만을 위해 기도하고 있습니까?

3. 교회는 성령님으로 인해 한 몸이 된 공동체입니다. 당신은 교회에서 어떤 역할을 감당하고 있습니까?

4. 예수님은 복음을 전파하라고 하십니다. 전도 대상자를 적어 보세요.

10

재림과 심판
[구원사 관점에서 본 재림과 심판]

이르되 갈릴리 사람들아 어찌하여 서서 하늘을 쳐다보느냐
너희 가운데서 하늘로 올려지신 이 예수는 하늘로 가심을 본
그대로 오시리라 하였느니라. (개역개정, 행1:11)

2차 세계대전에서 일본은 승승장구하였습니다. 그러던 1945년 8월 6일 원자폭탄을 실은 B29 폭격기가 출격합니다. 날씨가 그날 가장 좋았던 히로시마를 폭격 장소로 잡았습니다. 인구 30만의 도시에 승용차 무게만 한 폭탄이 떨어졌습니다.

43초 후 570m 공중에서 폭탄은 터졌고, 폭발 1초 이내에 6,000도의 열에너지로 1㎞ 이내의 모든 사람이 증발하였습니다. 이어진 화염과 충격파로 인해 몇 초 만에 8만 명 사망합니다. 30분 후 후 폭풍과 검은 비로 총 14만 명이 죽었습니다. 1945년 8월 8일 미국은 도쿄 라디오에서 히로시마 폭격을 알리는 내용을 담은 보고를 받았습니다. 당시 라디오 내용은 이러했습니다. "사람, 동물, 모든 생명을 가지고 있는 것이 말 그대로 죽음 속에 그슬렸습니다." 8월 9일 나가사키에도 원자폭탄 투하되었습니다. 히로시마에 떨어진 폭탄보다 1.5배의 위력이었습니다. 8월 10일 새벽 3시 일왕은 '무조건 항복' 선언합니다.

이 원자폭탄을 전쟁의 승패를 완전히 바꿨다고 해서 게임 체인저(Game Changer)라고 부릅니다.

역사 속에 진짜 게임 체인저가 계십니다. 죽음을 영원한 생명으로 바꾸시는 예수 그리스도이십니다.

'그때 거기'

1) 성경이 말씀하는 재림

재림(再臨, second coming, parousia)은 부활, 승천하신 예수님께서 다시(두 번째) 오시는 사건을 말씀합니다. '재림'으로 번역된 헬라어는 '파루시아(παρουσία)'입니다. 이 단어는 헬라 세계에서 왕이나 귀인, 지체 높은 분의 방문을 의미합니다.

한글 성경에는 재림이란 표현이 직접 나오지는 않습니다. 그러나 재림을 암시하는 표현은 수없이 많습니다. 예를 들면 "우리 주 예수 그리스도의 날"(고전1:8), "예수 그리스도의 나타나실 때"(벧전1:7, 13), "주의 날"(살전5:2), "주 앞으로부터 이르는 새롭게 되는 날"(행3:19), "만물을 회복하실 때"(행3:21; 롬8:21), "마지막 날"(요12:48), "말세"(벧전1:5) 등이 있습니다.

마태복음 24장, 마가복음 13장, 누가복음 21장은 한 장 전체에 걸쳐, 데살로니가전후서는 전부가 예수 그리스도의 재림에 관해 기록하고 있습니다. 재림에 대한 말씀은 성경 216장에 걸쳐 모두 318회나 됩니다. 예수 그리스도의 초림(初臨)에 관한 예언보다 무려 8배나 많습니다. 성경은 재림이 임박할 때 나타날 징조들에 대해 말씀하십니다.

재림은 천국 복음이 온 세상에 다 전파된 후에 이루어지는데 (마24:14), 재림 전에는 불법의 사람이 나타나며(살후2:2-3), 노아의 때와 같이 배도(背道)하는 일이 일어난다(마24:27-39; 살후2:3). 예기치 않은 때에 번개가 번쩍이는 것같이 갑자기 이루어질 것이다(마24:27, 37, 44; 막13:36; 살전5:2; 벧후3:10; 계16:15). (성경문화배경사전)

2) 재림하시는 예수님 모습

초림 예수님은 아기 예수님으로 오셨습니다. 섬기는 종으로 오셨습니다. 구원자로 오셨습니다. 그러나 재림 예수님은 심판자로 오십니다. 백마를 타고 오십니다. 승리자로 오신다는 의미입니다. 만왕의 왕, 만주의 주로 오십니다.

또 내가 하늘이 열린 것을 보니 보라 백마와 그것을 탄자가 있으니 그 이름은 충신과 진실이라 그가 공의로 심판하며 싸우더라 그 눈은 불꽃같고 그 머리에는 많은 관들이 있고 또 이름 쓴 것 하나가 있으니 자기 밖에 아는 자가 없고 또 그가 피 뿌린 옷을 입었는데 그 이름은 하나님의 말씀이라 칭하더라 하늘에 있는 군대들이 희고 깨끗한 세마포 옷을 입고 백마를 타고 그를 따르더라 그의 입에서 예리한 검이 나오니 그것으로 만국을 치겠고 친히 그들을 철장으로 다스리며 또 친히 하나님 곧 전능하신 이의 맹렬한 진노의 포도주 틀을

밟겠고 그 옷과 그 다리에 이름을 쓴 것이 있으니 만왕의 왕

이요 만주의 주라 하였더라. (개역개정, 계19:11-16)

예수님은 '충신과 진실'이라는 이름을 가지셨습니다. 성실하고 참되신 분입니다. 재림을 약속하셨으니 그 말씀대로 오시는 분입니다. 예수님은 승천하신 그 모습대로 오신다고 말씀합니다.

이르되 갈릴리 사람들아 어찌하여 서서 하늘을 쳐다보느냐

너희 가운데서 하늘로 올려지신 이 예수는 하늘로 가심을 본

그대로 오시리라 하였느니라. (개역개정, 행1:11)

오늘날 한국에는 자신이 재림 예수라고 주장하는 수많은 이단들이 있습니다. 이러한 이단들의 특징은 종교적 헌신이나 열심을 통해 구원받는다고 강조합니다. 이들은 성경이 우선이 아니고 자신의 깨달음이나 자신이 받았다고 하는 계시를 성경보다 우선합니다. 자신이 깨달았다는 것을 합리화하고자 근거 없는 비유 풀이를 통해 사람들을 현혹합니다.

기성교회는 변질된 교회요, 사탄의 도구라고 주장합니다. 사람들을 두렵게 하고 정신적 노예를 삼고자 시한부 종말론을 주장합니다. 성경은 '올라가심을 본 그대로 오신다'고 명확하게 말씀하십니다. 눈으로 보실 수 있도록 오십니다.

이단들은 영적 재림을 주장하지만 예수님은 육체적 재림을 말씀하십니다. 천사들과 함께 영광 가운에 오십니다. 모두가 알 수 있게 오십니다.

그 때에 사람들이 인자가 구름을 타고 능력과 큰 영광으로 오는 것을 보리라. (개역개정, 눅21:27)

3) 재림 예수를 주장하는 이단들

우병훈 고신대 교수가 제시한 이단성 판별법이 있습니다.

· 성경은 오직 하나님의 주권적인 은혜에 의한 구원을 말한다.
· 이단들은 여전히 종교적 선행과 헌신의 행위에 의한 구원을 주장한다.
· 이단은 다른 예수를 전할 뿐 아니라 자신을 '재림의 주'로 믿고 추종하게 한다.
· 이단은 신·구약 성경 이외에 또 다른 경전을 갖고 있다.
자신의 거짓 신앙을 정당화하기 위해 그 경전들을 성경해석의 표준적 지침서로 삼아 성경을 부분적으로 수정하거나 완전히 다른 의미로 재해석한다.
· 기성교회들은 변질한 단체이거나 사단의 실제적 도구라고 주장한다.
· 시한부 종말론'을 주장한다.
· 교주의 신비적 체험을 통해 계시받았다고 '직통 계시'를 주장한다.
· 이런 주장을 설득하기 위해 성경을 비유로 봐야 한다고 주장한다.

[출처] - 국민일보

이단들이 간과하는 것이 있습니다. 재림하시는 예수님께서 심판주로 오신다는 사실입니다. 크고 두려운 심판대 앞에 서서 영원한 형벌에 떨어질 것을 기억해야 합니다.

4) 재림과 심판

> 이는 우리가 다 반드시 그리스도의 심판대 앞에 나타나게 되
> 어 각각 선 악간에 그 몸으로 행한 것을 따라 받으려 함이라.
> (개역개정, 고후5:10)

우리는 모두 그리스도의 심판대 앞에 서게 됩니다. 누구도 피할 수 없습니다. 살아온 삶을 내어놓아야 합니다. 불꽃같은 하나님의 눈을 속일수 있는 것은 하나도 없습니다. 그리스도의 심판대에서 믿음으로 살아온 인생은 보상을 받을 것입니다. 믿음 없이 산 인생은 영원을 상실하는 고통 속에 빠질 것입니다. 예수님의 재림은 심판과 구원의 시간입니다. 고린도전서 3장 10절 이하의 말씀은 상급에 대한 난해한 구절입니다.

> 만일 누구든지 금이나 은이나 보석이나 나무나 풀이나 짚으
> 로 이 터 위에 세우면 각 사람의 공적이 나타날 터인데 그 날
> 이 공적을 밝히리니 이는 불로 나타내고 그 불이 각 사람의
> 공적이 어떠한 것을 시험할 것임이라 만일 누구든지 그 위에
> 세운 공적이 그대로 있으면 상을 받고 누구든지 그 공적이
> 불타면 해를 받으리니 그러나 자신은 구원을 받되 불 가운데
> 서 받은 것 같으리라. (개역개정, 고전3:12-15)

이 부분은 논란이 많은 난해한 구절인 것은 맞습니다. 그렇더라도 어떤 사람은 금으로 지은 집에 살고, 어떤 사람은 초가집에 산다는 식의 해석은 성경적이지 않습니다. 저는 김세윤 박사의 〈고린도전서 강해〉에 나온 상급에 대한 해석에 동의합니다.

성령을 따라 사는 사람은 금으로 건축하는 사람입니다. 육체를 따라 사는 사람은 지푸라기로 건축하는 사람입니다. 금으로 건축한다는 것은 하나님의 구원을 최대한 자신의 것으로 만든 사람입니다. 지푸라기로 세운 사람은 그것을 최소의 것으로 만든 사람입니다. 상급은 지은 것이 재림 때 찬란하게 빛나서 하나님께 영광 돌리는 것입니다. 그것으로 충분합니다.

이 "상급"은 하나님이나 다른 사람들 앞에서 자랑할 수 있는 것이 아니고, "상급을 받은" 사람을 더 우월하게 만들거나, "상급을 받지 못한" 사람을 더 열등하게 만드는 것이 아닙니다. (참고, 고후10:17; 롬5:11; 갈6:14; 빌3:3)

구원 자체가 이미 완전한 상급이지요. 구원보다 더 큰 상급은 없습니다. 구원에 있어 열등한 구원은 없습니다. 구원은 그 자체로 완전합니다. 금으로 지어 하나님의 영광을 찬란하게 빛나게 한다면 그 자체가 상급이요, 기쁨이요, 면류관입니다. 예수님 재림하실 때 주의 영광을 찬란하게 빛나게 하는 삶을 살아가는 것 자체가 가장 큰 기쁨입니다.

5) 재림의 순서

A.D. 49년경 바울과 실라는 데살로니가에 방문합니다. 우상 숭배 만연

한 지역이지요. 수많은 신들을 섬기는데 그중 카비루스라는 종교가 있습니다. 데살로니가 공식적인 수호신 카비루스가 살해를 당합니다. 동생들이 시체를 데살로니가 큰 산 밑에 묻어 두었습니다. 언젠가 부활해서 돌아와 그들을 구원한다는 신화의 도시입니다. 이곳에서 예수님 부활과 재림에 대한 말씀을 증거합니다. 읽을수록 가슴 뛰고 흥분되는 말씀입니다.

> 그 날에 주님은 하늘로부터 내려오셔서, 천사장의 소리와 하나님의 나팔 소리가 울리는 가운데 큰 소리로 호령하실 것입니다. 그 때 그리스도를 믿다가 죽은 자들이 먼저 일어나고 그 후에 살아 있던 자들도 그들과 함께 구름 속으로 끌어올려져 하늘에서 주님을 만나게 될 것입니다. 그러므로 여러분은 이런 말로 서로 위로 하십시오. (쉬운성경, 살전4:16-18)

하나님 백성을 소집하는 나팔소리가 울려 퍼집니다. 큰 호령 소리와 함께 예수님 믿고 죽은 믿음의 선배들이 먼저 일어납니다. 그 후에 살아서 예수님을 믿는 순들이 함께 구름 속으로 끌어 올려집니다. 하늘에서 사랑하는 예수님을 만나게 됩니다. 고린도전서 15장에도 예수님 재림에 관한 부분과 영원한 하나님 나라에서 어떤 삶이 펼쳐질 것인지 보여 주고 있습니다.

> 내가 여러분에게 비밀을 알려 드리겠습니다. 우리는 다 잠잘 것이 아니라 변화될 것입니다. 마지막 나팔 소리가 울릴 때, 눈 깜짝할 사이에 죽은 자들이 썩지 않을 몸으로 다시 살아

나며, 우리는 변화될 것입니다. 썩을 몸은 반드시 썩지 않을 몸을 입어야 하며, 죽을 몸은 죽지 않을 몸을 입어야 합니다. 썩을 몸이 썩지 않을 몸을 입고, 죽을 몸이 죽지 않을 몸을 입게 되면 "승리가 죽음을 삼켜 버렸다"고 기록된 말씀이 사실로 드러나게 될 것입니다. (쉬운성경, 고전15:51-54)

예수님 재림의 나팔소리가 울려 퍼질 때 우리는 홀연히 변화될 것입니다. 썩지 않을 몸을 입을 것입니다. 죽지 않을 몸을 입을 것입니다. 예수님과 영원히 함께 살 것입니다. 이것이 우리의 소망입니다.

'지금 여기'

1) '지금 여기'(삶의 자리)

하나님 나라는 준비되었습니다. 중요한 것은 내가 하나님 나라에 들어갈 준비가 되었는가 하는 것입니다. 성경은 마지막 심판의 장면을 우리에게 보여 주고 있습니다.

> 또 나는 크고 흰 보좌와 그 위에 앉으신 분을 보았습니다. 땅과 하늘이 그분 앞에서 흔적도 없이 사라졌습니다. 그리고 높은 자든지 낮은 자를 막론하고 죽은 사람들이 모두 보좌 앞에 서 있는 것을 보았습니다. 생명책이 펴져있고, 다른 책들도 펼쳐져 있었습니다. 죽은 사람들은 그 책에 기록되어 있는 대로, 각기 행한 행위에 따라 심판을 받았습니다. 바다와 죽음과 지옥도 그 안에 죽어 있던 자들을 다 토해 냈으며, 그들 역시 자기들의 행위대로 심판받았습니다. 죽음과 지옥이 불못에 던져졌습니다. 이 불못이 두 번째 죽음입니다. 생명책에 이름이 기록되지 않은 자들은 누구든지 다 불못에 던져졌습니다. (쉬운성경, 계20:11-15)

심판과 구원으로 구별되는 장면입니다. 크고 흰 보좌에 하나님이 좌정하십니다. 그 순간 온 우주는 사라집니다. 세상에서 권세를 가진 사람이든 평범한 사람이든 모든 사람들이 하나님 앞에 서 있습니다. 심판의 시간입니다. 그들 앞에 책들이 펼쳐져 있습니다. 그 책들에는 모든 사람의 행위가 기록되어 있습니다.

그리고 또 다른 책이 펴져 있습니다. 하나님과 영원히 함께 살 사람들의 이름이 적혀 있습니다. 곧 생명책입니다. 죽은 사람들은 자기 행위대로 심판을 받고 영원한 불못에 던져집니다.

2) 생명책에 이름이 있습니까?

사도 바울은 자신과 함께 복음을 위해 산분들의 이름이 생명책에 있다고 말합니다.

> 또 참으로 나와 멍에를 같이한 네게 구하노니 복음에 나와
> 함께 힘쓰던 저 여인들을 돕고 또한 글레멘드와 그 외에 나
> 의 동역자들을 도우라. 그 이름들이 생명책에 있느니라. (개
> 역개정, 빌4:3)

이름이 생명책에 있습니까? 가족들의 이름이 여기 있습니까? 이 질문은 가장 중요한 질문입니다. 생명책에 그 이름이 없다면 그가 아무리 큰 자라 하여도 그는 온 우주에서 가장 불쌍한 사람입니다. 생명책에 이름이 있다면 낮은 자라 하여도 가장 위대한 사람입니다. 예수님께서 제자

들에게 복음을 전하라고 파송하셨습니다. 가는 곳마다 놀라운 기적이 일어났습니다. 제자들이 크게 기뻐하며 와서 간증집회를 합니다. 그때 예수님께서 정말로 중요한 말씀을 하십니다.

> 칠십 인이 기뻐하며 돌아와 이르되 주여 주의 이름이면 귀신들도 우리에게 항복하더이다. 예수께서 이르시되 사탄이 하늘로부터 번개 같이 떨어지는 것을 내가 보았노라 내가 너희에게 뱀과 전갈을 밟으며 원수의 모든 능력을 제어할 권능을 주었으니 너희를 해칠 자가 결코 없으리라 그러나 귀신들이 너희에게 항복하는 것으로 기뻐하지 말고 너희 이름이 하늘에 기록된 것으로 기뻐하라 하시니라. (개역개정, 눅10:17-20)

'귀신들이 항복하더이다'라는 간증은 놀라운 일이지요. 그런데 주님은 그보다 더 놀라운 기쁨은 '너희 이름이 하늘에 기록'된 것이라고 하십니다. 부활 승천하신 예수님은 재림하십니다. 예수님께서 재림하시는 날은 심판과 구원의 날입니다. 생명책에 이름이 있는가, 없는가가 구분합니다. 예수님을 따라 살았는지 예수님 없이 살았는지가 구분합니다.

묵상을 위한 질문

1. 성경은 예수님의 재림에 대해 분명하게 말씀하고 있습니다. 당신은 예수님을 맞이할 준비가 되었습니까?

2. 우리에게는 복음을 증거할 사명을 주심과 동시에 복음을 증거할 수 있는 능력을 주셨습니다. 하나님께서 내게 주신 은사는 무엇입니까? 그 은사를 통해 복음을 증거하며 사십니까?

하나님은 이르시되 어리석은 자여 오늘 밤에 네 영혼을 도로 찾으리니 그러면 네 준비한 것이 누구의 것이 되겠느냐 하셨으니 자기를 위하여 재물을 쌓아 두고 하나님께 대하여 부요하지 못한 자가 이와 같으니라. (개역개정, 눅12:20-21)

11

하나님 나라
(구원사 관점에서 본 하나님 나라)

또 내가 새 하늘과 새 땅을 보니 처음 하늘과 처음 땅이 없어
졌고 바다도 다시 있지 않더라. (개역개정, 계21:1)

'그때 거기'

1) '이미'와 '아직'(all ready, but not yet)

우리의 간절한 소망과 기대는 하나님 나라에 있습니다. 예수님께서 이 땅에 오심은 하나님 나라를 주기 위함이셨습니다. 예수님은 항상 하나님 나라에 대해 말씀하셨습니다. 삼위일체 하나님과 영원히 함께 사는 나라, 하나님 나라는 우리의 소망이며 기대입니다. 저도 개인적으로 가장 궁금한 것이 하나님 나라입니다. 그러한 하나님 나라는 어떻게 오는가요?

> 이르시되 때가 찼고 하나님의 나라가 가까이 왔으니 회개하고 복음을 믿으라 하시더라. (개역개정, 막1:15)

예수님은 '때가 찼고'라고 말씀하십니다. '때'는 목적과 계획이 담긴 하나님의 시간입니다. 하나님의 시간이 가득 찼습니다. 여유가 하나도 없습니다. 하나님 나라가 이미 시작되었다는 말씀입니다.

'하나님 나라가 가까이 왔으니'라고 하십니다. '가까이 왔다'는 것은 아직 완성된 상태가 아니라는 것입니다. '때가 다 차서 이미 시작되었으나 아직 도래하진 않았다'는 것입니다. 이것을 '이미'와 '아직'(all ready, but not yet)이라고 합니다. '이미' 왔으나 '아직' 완전히 오지 않았다는 말씀입니다. 우리는 초림 예수님과 재림 예수님 사이를 살아가고 있습니다. 이미 왔으나 아직 오지 않은 시간을 살아가고 있습니다. 그리고 지금 이 시간에도 하나님 나라는 오고 있습니다.

국가의 구성 3요소는 주권, 백성, 영토입니다. 하나님 백성과 하나님 주권이 준비되었지만 가시적인 영토(천국)가 아직 오지 않았다는 말씀으로 저는 이해하고 있습니다. 창세기 1-3장과 요한계시록 20-22장을 비교하면 예수님께서 준비하신 천국이 어떤 곳인지 알 수 있습니다.

하나님께서 만드시고 복을 주신 세상에서 인간은 범죄하고 하나님을 떠나갑니다. 그로 인해 하나님과 단절되고 영원한 죽음이 옵니다. 그러나 예수님께서 오셔서 우리 죄를 해결하심으로 하나님과의 관계가 회복됩니다. 영원한 생명이 시작됩니다. 창세기 1-3장은 범죄한 인간이 에덴동산에서 쫓겨난 실낙원(失樂園)을 말씀합니다. 요한계시록 20-22장은 영원한 하나님 나라로 입성하는 복낙원(復樂園)을 말씀합니다.

2) 천국이 도래하면 이 세상은 어떻게 되는가?

예수님 재림하실 때 이 세상은 어떻게 될까요? 마태복음 25장 46절은 심판을 말씀하고 있습니다.

> 그들은 영벌에, 의인들은 영생에 들어가리라 하시니라. (개역개정, 마25:46)

영벌과 영생으로, 심판과 구원으로, 실낙원과 복낙원으로 구별됨을 성경은 분명히 말씀합니다. 사람들은 이것을 싫어합니다. 영원한 형벌을 외면하고자 사람들은 죽으면 영혼이 사라진다, 연옥에서 훈련받으면 천국으로 들어갈 수 있다, 죽으면 아무것도 없다는 등 나름대로 논리를 폅니다. 예수님의 재림과 하나님 나라는 신화라고 조롱합니다.

> 먼저 이것을 알지니 말세에 조롱하는 자들이 와서 자기의 정욕을 따라 행하며 조롱하여 이르되 주께서 강림하신다는 약속이 어디 있느냐 조상들이 잔 후로부터 만물이 처음 창조될 때와 같이 그냥 있다 하니 이는 하늘이 옛적부터 있는 것과 땅이 물에서 나와 물로 성립된 것도 하나님의 말씀으로 된 것을 그들이 일부러 잊으려 함이로다. (개역개정, 벧후3:3-5)

그러나 성경은 영벌과 영생을 분명하게 말씀하고 있습니다.

> 이제 하늘과 땅은 그 동일한 말씀으로 불사르기 위하여 보호하신바 되어 경건하지 아니한 사람들의 심판과 멸망의 날까지 보존하여 두신 것이니라. (개역개정, 벧후3:7)

예수님께서는 새 하늘과 새 땅을 가지고 오실 것입니다.

> 하나님의 날이 임하기를 바라보고 간절히 사모하라 그날에 하늘이 불에 타서 풀어지고 물질이 뜨거운 불에 녹아지려니와 우리는 그의 약속대로 의가 있는 곳인 새 하늘과 새 땅을

바라보도다. (개역개정, 벧후3:12-13)

이렇게 경고하심은 우리가 구원받기를 하나님께서는 간절히 원하시기 때문입니다.

> 주의 약속은 어떤 이들이 더디다고 생각하는 것 같이 더딘
> 것이 아니라 오직 주께서는 너희를 대하여 오래 참으사 아무
> 도 멸망하지 아니하고 다 회개하기에 이르기를 원하시느니
> 라. (개역개정, 벧후3:9)

하나님께서는 '오래 참으사' 아무도 멸망하지 않고 다 구원받기를 기다리고 계십니다. 그 시간이 '이미'와 '아직' 사이의 시간입니다. 길이 참으시는 하나님께서는 영원히 기다리지 않으십니다. 기다림의 끝에는 예수님 믿고 구원받는 구원의 역사와 끝까지 예수님을 믿지 않음으로 심판에 이르는 심판의 역사로 구분됩니다.

예수님께서 재림하시는 날은 우주적 심판의 날입니다. 그 이후 구원받은 하나님 백성들은 새 하늘과 새 땅에 거하게 됩니다.

3) 새 하늘과 새 땅

요한계시록 21장은 새 하늘과 새 땅에 대해 말씀하고 있습니다. 요한이 눈을 들어 보았을 때, 새 하늘과 새 땅이 보였습니다. 처음 하늘과 처음 땅 그리고 바다도 사라져 버렸습니다.

또 내가 새 하늘과 새 땅을 보니 처음 하늘과 처음 땅이 없어

졌고 바다도 다시 있지 않더라. (개역개정, 계21:1)

최후 심판을 통해 큰 용과 바다의 짐승과 땅의 짐승들, 거짓 선지자와 유혹하던 음녀의 세력이 끊어진 것입니다. 이전 세상과 비교할 수 없는 하나님께서 통치하시는 하나님 나라가 펼쳐진 것입니다. 로마의 강력한 박해 속에서 신앙으로 살아가던 초대 교회 성도들에게 얼마나 큰 위로가 되었을까요?

오늘날 우리에게도 마찬가지입니다. 고단한 삶의 자리에서, 유혹 많은 세상에서, 흔들리는 신앙을 바로잡아 주고, 시험을 이겨 나갈 힘은 주님과 함께 사는 영원한 천국 소망에서 옵니다.

하나님 나라를 이야기할 때 심장이 두근거립니다. 새 하늘과 새 땅에 대한 기대와 목마름이 있습니다. 하나님 나라를 소망하기에 오늘을 다르게 살기로 결단합니다. 하나님 나라가 오고 있습니다.

4) 갱신? 재창조?

새 하늘과 새 땅에 대해서는 오래된 신학적 논쟁이 있습니다. 연속성인가? 불연속성인가? 하는 것입니다. '연속성'을 '갱신'이라고 하고 '불연속성'을 '재창조'라고 합니다. '연속성'이라는 뜻은 이 땅을 새롭게 고치고 변화시킨다는 의미입니다. '불연속성'은 완전히 새로운 나라가 임한다는 주장입니다.

'불연속성'의 '재창조'를 주장하는 분들은 요한계시록 21장 1절을 강조

합니다. "처음 하늘과 처음 땅이 없어졌고"라는 말씀입니다. 다 불에 타 사라져 버리고 "새 하늘과 새 땅"이 임한다는 것입니다.

'갱신'을 주장하는 분들은 5절을 강조합니다. "보라 내가 만물을 새롭게 하노라." '새롭게'라는 표현은 고쳐서 변화시키는 데 쓰는 단어입니다.

갱신을 주장하는 분들도 고치는 것이 너무나 탁월해서 도무지 이전 것을 알아볼 수가 없을 만큼 변화해 버렸다는 것입니다. 새롭게 고치셨는데 '몰라볼 만큼 고치셨다'는 것입니다(조영민, 《소망의 복음, 요한계시록》).

'연속성의 갱신'과 '불연속성의 재창조'입니다. 저는 불연속성의 재창조라고 생각합니다. 여러분은 어떻게 생각하시는지요? 갱신이든 재창조이든 이것은 행복한 논쟁이며 하나님 나라의 비밀입니다.

5) 하나님 나라는 어떤 모습?

새 하늘과 새 땅을 말씀하시고 천국의 모습을 말씀하십니다. 천국에는 바다가 없다고 하십니다. 고대인들에게 있어 바다는 두려움의 대상입니다. 바닷속이 보이지 않기에 더욱 두려워했습니다. 특히, 이스라엘 백성들은 출애굽하면서 바다의 두려움을 목격하였습니다. 최강대국 이집트 군대가 바다에 모두 수장된 것입니다.

고대인들은 바다에는 용이 살고 있다고 믿었습니다. 용은 모든 악의 근원의 상징입니다. 천국에는 바다가 없습니다. 두려움이 없는 나라입니다. 바다가 없다고 했는데 요한계시록 4장 6절과 요한계시록 15장 2절에서 바다를 읽어 보셨을 것입니다.

보좌 앞에 수정과 같은 유리 바다가 있고 보좌 가운데와 보좌 주위에 네 생물이 있는데 앞뒤에 눈들이 가득하더라. (개역개정, 계4:6)

또 내가 보니 불이 섞인 유리 바다 같은 것이 있고 짐승과 그의 우상과 그의 이름의 수를 이기고 벗어난 자들이 유리 바다 가에 서서 하나님의 거문고를 가지고. (개역개정, 계15:2)

본문의 바다는 "수정과 같은 유리 바다"와 "불이 섞인 유리 바다"입니다. 속이 다 보이는 바다입니다. 두려움과 공포의 바다가 아니라는 말씀입니다. 하나님 나라는 공포가 없는 나라입니다. 또한, 임마누엘의 현장입니다.

내가 들으니 보좌에서 큰 음성이 나서 이르되 보라 하나님의 장막이 사람들과 함께 있으매 하나님이 그들과 함께 계시리니 그들은 하나님의 백성이 되고 하나님은 친히 그들과 함께 계셔서 모든 눈물을 그 눈에서 닦아 주시니 다시는 사망이 없고 애통하는 것이나 곡하는 것이나 아픈 것이 다시 있지 아니하리니 처음 것들이 다 지나갔음이러라. (개역개정, 계 21:3-4)

생명의 하나님이 함께 계십니다. 사망과 애통이 없는 나라입니다. 하나님 나라가 얼마나 아름답고 황홀한 곳인가를 알려주시려고 이 세상에서 가장 귀하고 값진 것으로 표현하였습니다.

하나님 나라가 온통 보석과 진주로 뒤덮여 있다고 하는 말씀은 우리가 생각할 때 가장 좋은 것보다 더 좋은 것으로 이뤄졌다는 것을 강조하는 말씀입니다. 무엇을 상상하든 상상(想像) 이상이라는 뜻입니다.

'지금 여기'

1) '지금 여기'(삶의 자리)

우리는 천국에서 무엇을 하며 지낼까요? 우선 영광의 하나님께 영원한 예배를 드립니다. 요한계시록 4장에는 '보좌'라는 단어가 열세 번이나 등장합니다. 그 위에 전지전능하신 하나님께서 좌정하고 계십니다. 우리는 영광의 하나님께 찬송과 경배를 올려 드립니다. 완전한 예배가 이뤄지는 순간입니다. 하나님께 영광 돌리는 창조 목적이 완성됩니다.

> 이 백성은 내가 나를 위하여 지었나니 나를 찬송하게 하려
> 함이니라. (개역개정, 사43:21)

'왕 노릇' 한다고 말씀합니다.

> 다시 밤이 없겠고 등불과 햇빛이 쓸 데 없으니 이는 주 하나
> 님이 그들에게 비치심이라 그들이 세세토록 왕 노릇 하리로
> 다. (개역개정, 계22:5)

주님과 함께 온 우주를 다스리는 왕처럼 살 것입니다. 우리는 하나님

의 영광을 위해 지음 받은 존재입니다. 하나님께 영광 돌리는 방법이 교제(사귐)라고 말씀드렸습니다. 이 모든 역사가 예수님 십자가 안에서 완성되었습니다. 우리는 영원한 통치자이신 예수님과 하나님 나라에서 왕처럼 살 것입니다.

'이미'와 '아직 사이'의 간극 안에서 우리는 예수님을 믿었습니다. 심판의 역사에 있지 않고 구원의 역사 속에 있습니다. 구원받은 우리에게는 계명과 사명이 있습니다. 계명은 하나님 사랑과 이웃 사랑입니다. 사명은 복음을 전하는 것입니다. 예수님 재림 전에, 구원의 문이 닫히기 전에 더 많이 사랑해야 합니다. 더 많이 복음 전해야 합니다. 하나님 나라가 오고 있습니다.

묵상을 위한 질문

1. '이미'와 '아직'(all ready, but not yet) 우리는 '이미'와 '아직' 사이에 있습니다. 급박한 시간 속에 있습니다. 구원을 분명히 해야 할 시간에 있습니다. 당신의 구원은 확실한가요?

2. 예수님께서 재림하시는 것은 명약관화한 일입니다. 예수님 재림을 바라보며 무엇을 목적하며 살았는가를 확인해야 합니다. 당신의 삶 속에서 정리할 것은 무엇입니까? 잘 세워 가야 할 것은 무엇입니까?

하나님의 날이 임하기를 바라보고 간절히 사모하라 그 날에
하늘이 불에 타서 풀어지고 물질이 뜨거운 불에 녹아지려니
와 우리는 그의 약속대로 의가 있는 곳인 새 하늘과 새 땅을
바라보도다. (개역개정, 벧후3:12-13)

욥기 1장 1-5절 하나님 질문에 답할 수 있나요?

I. 그때 거기

가장 슬프게 읽은 소설은 "에밀 졸라"의 〈목로주점〉입니다. 19세기 파리 하층 계급의 비참한 생활을 담았습니다. 제르베즈는 모자 기술자 랑치와 두 아이를 데리고 파리로 옵니다. 그러나 랑티에는 다른 여자와 바람이 나서 사라지고 두 아이를 키우기 위해 세탁부로 열심히 일합니다. 그런 제르베즈에게 기와장이 쿠포가 구애를 하고 둘은 결혼합니다. 남편이 일하다가 발을 다치고 모은 돈을 치료비로 다 쓰게 됩니다. 열심히 일을 하지만 게으름뱅이 남편은 술로 그 돈을 탕진합니다. 설상가상 전 남편이 돌아와 눌러 삽니다. 상황은 악화되어 돈은 다 날려 버리고, 딸은 가출하고, 알콜 중독자가 된 남편은 죽습니다. 희망이 사라지자 제르베즈는 뚱뚱해지고, 몸을 팔고, 술을 마시고, 바닥 끝까지 내려갑니다. 그녀의 소원은 배불리 먹고, 지친 몸을 누일 방 한 칸을 지니고, 남자에게 맞지 않고, 죽을 때 침대에서 죽는 소박한 소원이었습니다. 그러나 결국은 술을 마시다 어떻게 죽었는지도 모르게 죽었습니다.

이 소설에 등장하는 주변인들은 남의 패망을 즐거워하고, 헐뜯고, 비방하고, 화해하기를 반복합니다. 욥기와 너무나 비슷한 풍경입니다. 희망이 있을 때는 가장 눈부셨는데 희망을 놓자 파멸하였습니다. 여기 제르베즈 같은 사람 욥이 있습니다. 그런데 그는 결론이 목로주점과 다릅니다. 무엇이 결론을 다르게 만드는가를 성경은 말씀합니다.

1. 천상(天上)회의에서 욥을 자랑하는 하나님

우스 땅에 욥이라는 사람이 살고 있습니다. 그는 하나님께 큰 복을 받은 사람입니다. 열 자녀를 두었을 뿐 아니라 소유도 넉넉한 부자입니다. 하나님께서 천상 회의 중 욥을 자랑하십니다.

> 여호와께서 사탄에게 이르시되 네가 내 종 욥을 주의하여 보
> 았느냐 그와 같이 온전하고 정직하여 하나님을 경외하며 악
> 에서 떠난 자는 세상에 없느니라. (개역개정, 욥1:8)

하나님이 인정하는 인생입니다. 완벽한 인생입니다. 행복한 사람입니다. 부러운 것 없는 사람입니다.

사탄의 도발. 하나님 말씀에 사탄이 도발합니다.

> 사탄이 여호와께 대답하여 이르되 욥이 어찌 까닭 없이 하나
> 님을 경외하리이까 주께서 그와 그의 집과 그의 모든 소유물
> 을 울타리로 두르심 때문이 아니니이까 주께서 그의 손으로

하는 바를 복되게 하사 그의 소유물이 땅에 넘치게 하셨음이
니이다 이제 주의 손을 펴서 그의 모든 소유물을 치소서 그
리하시면 틀림없이 주를 향하여 욕하지 않겠나이까. (개역개
정, 욥1:9-11)

까닭 없이란 '조건 없이, 이유 없이…'라는 의미입니다. 사탄은 하나님
을 이해할 수 없고, 진실한 신앙인을 이해할 수 없습니다. 하나님께서 조
건 없이 우리를 사랑하신다는 것에 사탄은 동의하지 못합니다. 순수한
신앙으로 하나님을 사랑하는 사람을 이해하지 못합니다. 사탄적 신앙은
'조건'과 '까닭'입니다. 따라서 진짜 신앙은 까닭을 제거했을 때 보입니다.
사탄은 하나님이 주신 조건과 까닭을 제거해 보시면 그가 진짜 신앙인인
지 가짜인지 드러날 것이라고 합니다.

2. 욥의 신앙을 확신하시는 하나님
쌍방적 신앙.

신앙은 일방적이 아니고 쌍방적입니다. 욥이 하나님을 신뢰하는 것처
럼 하나님도 욥을 신뢰하고 있습니다. 하나님은 욥의 신앙을 확신하십니
다. 까닭을 제거하십니다. 모든 울타리가 제거됩니다. 그리고 엄청난 환
난과 고난이 밀려옵니다(욥1:15-19). 울타리가 제거되고 고통과 고난의
시간이 밀려오면 하나님이 계시지 않은 듯합니다.

그런데 내가 앞으로 가도 그가 아니 계시고 뒤로 가도 보이
지 아니하며 그가 왼쪽에서 일하시나 내가 만날 수 없고 그

가 오른쪽으로 돌이키시나 뵈올 수 없구나. (개역개정, 욥
23:8-9)

울타리가 제거되고, 까닭이 제거되는 이때야말로 신앙이 드러나는 때
입니다. 이 결정적 순간에 욥은 고백합니다.

이르되 내가 모태에서 알몸으로 나왔사온즉 또한 알몸이 그
리로 돌아가올지라 주신 이도 여호와시요 거두신 이도 여호
와시오니 여호와의 이름이 찬송을 받으실지니이다 하고 이
모든 일에 욥이 범죄하지 아니하고 하나님을 향하여 원망하
지 아니하니라. (개역개정, 욥1:21-22)

1라운드는 하나님과 욥의 승리입니다. 하나님은 욥의 신앙을 자랑하
십니다.

집요한 사탄이 공격.
사탄은 모든 방법을 다 강구하여 신앙의 사람을 무너뜨리려고 합니다.
우는 사자같이 두루 다니며 삼킬 자를 찾습니다. 욥은 또다시 고난과 시
련에 빠집니다(욥2:7-8). 욥의 아내조차도 흔들립니다. 하나님을 욕하고
죽으라(욥2:9)고 합니다. 결정적 시간에 욥은 또 신앙을 고백합니다.

그가 이르되 그대의 말이 한 어리석은 여자의 말 같도다 우
리가 하나님께 복을 받았은즉 화도 받지 아니하겠느냐 하고

이 모든 일에 욥이 입술로 범죄하지 아니하니라. (개역개정, 욥2:10)

II. 지금 여기

3. 탄식하는 욥

우리가 생각해야 할 것이 있습니다. "고통이 계속되고 있습니다. 그러나 우리도 욥처럼 끝까지 불평없이 고민도 없이 삽시다." 성경은 그렇게 단순하게 말씀하지 않습니다. 고통이 길어지자 욥의 한계가 드러납니다. 3장 전체가 욥의 하소연과 고통입니다.

그 후에 욥이 입을 열어 자기의 생일을 저주하니라. (개역개정, 욥3:1)

어찌하여 내가 태에서 죽어 나오지 아니하였던가 어찌하여 내 어머니가 해산할 때에 내가 숨지지 아니하였던가. (개역개정, 욥3:11)

나에게는 평온도 없고 안일도 없고 휴식도 없고 다만 불안만이 있구나. (개역개정, 욥3:26)

우리는 연약한 사람들입니다. 하나님께서도 우리 연약함을 아십니다.

강철 같은 신앙을 가졌다고 하지만 어느 순간 한없이 연약해지는 것이 인간입니다. 울타리가 사라진 욥, 죽으면 딱 좋겠다고 생각할 것입니다. 놀라운 믿음의 사람들도 이 과정을 다 지냅니다. 신앙생활은 천사가 아닌 사람이 하는 것입니다. 약하고 무너집니다. 그래서 하나님 앞에 서면 울고 위로받고 싶습니다. 그것이 우리의 모습입니다.

나는 날마다 성령충만하고 날마다 천국을 누리고… 그렇지가 않습니다. 성화의 과정 속에는 고통과 고난이 있습니다. 몰라주는 가족이 있고, 비판하는 가장 가까운 친구가 있습니다. 때로 신앙의 길은 외롭고 고단합니다. 그럼에도 불구하고 가장 중요한 것은 하나님께서 지금 욥을 신뢰하고 있으며, 함께하고 계신다는 것입니다.

4. 질문하시는 하나님

욥은 자식, 재산, 건강을 잃었습니다. 결정적으로 친구도 잃었습니다. 그리고 하나님과 독대합니다. 하나님! 내게 왜 이런 일이 일어나는지요? 내가 무엇을 잘못했습니까? 내가 죽을죄를 지었습니까? 하나님은 대답 대신 질문을 하십니다. 욥기 38장부터 41장까지 끝없이 질문하십니다. 하나님의 질문에 욥은 한 개도 답을 할 수가 없습니다. 아는 것이 하나도 없습니다. 여러분도 하나님의 질문에 몇 가지만이라도 대답해 보시겠습니까?

너는 허리띠를 동여매고 대장부처럼 일어나서 묻는 말에 대답하라 내가 땅의 기초를 세울 때 너는 도대체 어디에 있었느냐? 네가 그렇게 많이 알거든 대답하라 누가 그 수치들을 재고 줄자를 대어 보았느냐? 땅의 기초를 무엇으로 단단히

고정시켰는지, 그 모퉁잇돌을 누가 놓았는지 아느냐? (쉬운성경, 욥38:3-6)

너는 바다의 샘에 가 본 적이 있느냐? 깊은 바다 계곡을 걸어다녀 본 적이 있느냐? 죽음의 문이 네게 나타난 적이 있느냐? 죽음의 그림자가 있는 문들을 본 적이 있느냐? 너는 지구의 구석구석을 다 알고 있느냐? 알거든 대답하여라. 빛이 어디에서 오고, 어둠이 어디로 가는지 아느냐? 그것들을 그들의 집으로 데리고 갈 수 있느냐? 그것들이 사는 곳을 아느냐? (쉬운성경, 욥38:6-20)

너는 번개가 흩어지는 곳이나, 동풍이 땅에서 흩어지는 곳을 알고 있느냐? 누가 폭우의 길들을 내었느냐? 천둥의 길을 누가 마련했는지 너는 아느냐? (쉬운성경, 욥38:24-25)

너는 묘성을 한데 묶고, 오리온 별자리의 고리를 풀 수 있느냐? 네가 별 무리를 계절에 따라 이끌어 내고, 큰곰자리, 작은곰자리 별 무리를 인도할 수 있느냐? 네가 천체의 운행 법칙을 아느냐? 네가 땅의 자연 법칙을 세웠느냐? (쉬운성경, 욥38:31-33)

저는 하나님이 하시는 이 질문들에 대해 한마디도 답할 수는 없지만 이 너무나 재미있습니다. 이 모든 법칙을 만드신 분이 우리 아버지이시기 때문입니다. 몇 가지 질문을 더 해 보겠습니다.

> 매가 두 날개를 남쪽으로 펴고, 날 것을 네가 명령했느냐? 독
> 수리가 높이 치솟아 자기 둥지를 만드는 것도 네 명령에 따
> 른 것이냐? (쉬운성경, 욥39:26-27)

욥의 대답이 너무나 재미있습니다. 저의 대답도 그와 같기 때문입니다.

> "너는 아직도 전능자와 논쟁하려 하느냐? 나, 하나님을 비난
> 하는 사람은 대답하여라." 그러자 욥이 여호와께 대답했습니
> 다. "저는 정말, 무가치한 사람입니다. 제가 무슨 대답을 하겠
> 습니까? 단지 입을 가릴 뿐입니다." (쉬운성경, 욥40:2-4)

인간의 한계.
우리는 한계성을 가지고 있습니다. 하나님이 울타리를 걷는 순간 먼지 같은 존재입니다. 자랑하지만 허탄한 자랑입니다. 내 힘으로, 내 능력으로 다 할 수 있을 것 같아도 울타리가 사라지는 순간 아무것도 남지 않는다는 것을 깨닫게 됩니다. 의존자요, 유한한 인생임을 고백합니다.

욥의 회개.
자신의 유한성으로 하나님의 무한성을, 자신의 무지함으로 하나님의 전지함을 이해하려한 것을 회개합니다. 이 모든 시련과 고난을 통해 더 깊은 신앙의 사람이 됩니다.

욥이 여호와께 대답하여 이르되 주께서는 못 하실 일이 없사오며 무슨 계획이든지 못 이루실 것이 없는 줄 아오니 무지한 말로 이치를 가리는 자가 누구니이까 나는 깨닫지도 못한 일을 말하였고 스스로 알 수도 없고 헤아리기도 어려운 일을 말하였나이다 내가 말하겠사오니 주는 들으시고 내가 주께 묻겠사오니 주여 내게 알게 하옵소서 내가 주께 대하여 귀로 듣기만 하였사오나 이제는 눈으로 주를 뵈옵나이다 그러므로 내가 스스로 거두어들이고 티끌과 재 가운데에서 회개하나이다. (개역개정, 욥42:1-6).

온 세상은 하나님의 경륜과 섭리 속에 있다는 것을 알게 됩니다. 전지전능하신 하나님이 나를 기억하시고, 사랑하신다는 것을 알게 됩니다. 그 사랑의 결정체가 십자가를 지신 예수님이십니다. 전지전능하신 하나님께서 무한한 사랑으로 나를 사랑하셔서 찾아오셨습니다. 우리의 작은 머리로는 다 이해할 수 없지만 하나님이 함께하심과 끝까지 지키셔서 끝내는 이기게 하신다는 것을 우리는 알고 있습니다.

III. 결어

모든 시련의 과정이 끝나자 하나님은 모든 것을 회복시키시고 다시 울타리를 두어 욥을 지키십니다. 고난은 끝이 있고, 그 끝에는 하나님이 계십니다.

찰스 부코프스키의 시 "그대의 삶은 그대의 것. 두들겨 맞고 굴종의 시궁창에 처박히게 하지 마라. 잘 살펴보라 빠져나갈 길이 있다. 어딘가에 빛이 있다."를 생각하며 고난의 때에 빛 되신 예수님이 계심을 기억하세요. 그 빛으로 나오면 반전의 삶이 기다리고 있습니다. 욥기의 주제는 어떠한 상황에서도 하나님을 믿으라는 것입니다. 우리는 하나님의 섭리와 경륜 속에 있는 하나님 사람입니다. 구원하시는 전능자의 품 안에 있는 사람입니다.

> 그런데 내가 앞으로 가도 그가 아니 계시고 뒤로 가도 보이지 아니하며 그가 왼쪽에서 일하시나 내가 만날 수 없고 그가 오른쪽으로 돌이키시나 뵈올 수 없구나 그러나 내가 가는 길을 그가 아시나니 그가 나를 단련하신 후에는 내가 순금 같이 되어 나오리라. (개역개정, 욥23:8-10)

그때 거기 & 지금 여기 - 성경 구원사 이야기

ⓒ 송흥준, 2024

초판 1쇄 발행 2024년 1월 5일

지은이   송흥준
펴낸이   이기봉
편집   좋은땅 편집팀
펴낸곳   도서출판 좋은땅
주소   서울특별시 마포구 양화로12길 26 지월드빌딩 (서교동 395-7)
전화   02)374-8616~7
팩스   02)374-8614
이메일   gworldbook@naver.com
홈페이지   www.g-world.co.kr

ISBN   979-11-388-2660-0 (03230)